木梨憲武
自伝

みなさんのおかげです

木梨憲武

小学館

木梨憲武 自伝

みなさんのおかげです

著／木梨憲武

目次

カバー・表紙写真／柏田テツヲ
装丁／町口景

プロローグ

祖師ヶ谷大蔵・木梨サイクル店

6

夕方、外の陽《ひ》が落ち始めると、6畳ひと間の家の中は瞬く間に薄暗くなり、家具も壁もみるみる色を失っていく。

部屋の隅に丸まっていた俺は、まるで蜘蛛《くも》の糸のように天井から垂れ下がった豆電球に明かりを灯《とも》す。そして、テレビのスイッチをつける――。

（こんなはいり……どう？）

木造2階建ての借家。1階は住居兼店舗になっていて、そこが俺の家だった。

小さな自転車店「木梨サイクル」は、小田急線の祖師ヶ谷大蔵駅から徒歩18分のあたりにあった。

夕暮れどきは目の前の細い道を、サラリーマンや学生、夕食の買い物に出た主婦が行き交い、ギリギリの車幅で満員の路線バスが通り抜ける。商店の店員が威勢よく客を呼ぶ声も響く。夕刻のひととき、喧噪《けんそう》に包まれる。

それでも、道から店舗を抜けた奥にある、6畳ひと間の家の中はいつも静かだった。

親父が作業する店からは、キュッキュッ、キュッキュッと、自転車のタイヤのゴムを拭く音が、かすかに聞こえる。

畳の上にコタツがあり、テレビがあり、戸棚があり、押し入れがあり、俺と妹のランドセルが転がっている。それだけの小さな家だった。

2階には別の家族やひとり暮らしのおばあさんが住んでいた。その2階に上がる階段の真下に、三角形に切り取られた狭い空間があった。居間の隅っこだ。

「自分の部屋がほしいな」

幼心にも、この狭い家にそんな場所がないことは十分にわかっていたが、おふくろにねだったことがある。

いつも無口な親父は、それを聞いていたのかもしれない。ある日、何もいわずに階段下の場所を整理し、俺がすっぽりと入れるスペースを作ってくれた。当時の俺はまだ、体が小さくて細かったのだ。壁にはランドセルがかけられる金具を取りつけてくれ、教科書を並べられる棚もしつらえてくれた。部屋の隅にある穴蔵《あなぐら》のようなところだから、ただでさえ薄暗い家の中でも、そこはさらに暗い。それで親父は、ひょろりと小さな豆電球まで垂らしてくれた。親父は職人で器用だから、そんな細かい作業はお手のものだった。

そこは俺の「秘密基地」になった。ひとり、身を置くと、不思議と落ち着いたのを覚えている。

店舗にある金属の工具類が放つ錆《さび》の匂い。

チェーンやブレーキにさすオイルの匂い。

作業する親父の汗の匂い。

ガタガタと動く部屋のドアの隙間から、ねっとりとした空気と一緒に、それらの匂いがしみ込んできて、いつも部屋の中に広がっていた。懐かしい匂い。

さらに台所からは、おふくろが焼く鯵《あじ》の干物の香ばしい匂いが漂ってくる。


木梨家のルーツは、海辺の町・静岡県伊東市にある。祖父も漁師で、親父も自転車の職人になる前は海に出ていたようだ。だから、木梨家ではいつも鯵の干物を食べていたし、俺も昔から大好物だった。いわば俺のソウルフードだ。厳密にいえば、ごはんの1杯目は干物で、2杯目は「まご茶漬け」にして食べる。ごはんの上に、たたいた鯵とショウガやワサビなどの薬味をのせたらしょう油をたらし、お湯をさしてササッと食べる。まご茶漬けは伊豆半島全域で親しまれている郷土料理だが、もともとは漁師めし。忙しい漁の合間に、「まごまごしないで早く食べろ」という意味からこの名がついたらしい。

夕刻の6畳ひと間には時折、軽妙な音楽やスポーツへの歓声、笑い声が、さざ波のように押し寄せてくる。

テレビはいつもついていた。

外で遊び疲れて帰ってくると俺は必ず、テレビと「秘密基地」の豆電球のスイッチを入れ、かじりつくようにテレビを見ていたからだ。

俳優なら、桜木健一さん、森田健作さん。

コメディアンなら、植木等さんもメンバーだった「ハナ肇《はじめ》とクレージーキャッツ」や「ザ・ドリフターズ」「コント55号」「ドンキーカルテット」。

『シャボン玉ホリデー』（日本テレビ系）で、「ザ・ピーナッツ」の歌を聴いて、コントを見るのは、至福の時間だった。

芝居があって、音楽があって、笑いがあって、スポーツがあって、テレビのエンターテインメントはまるで玉手箱のようだった。

色鮮やかなステージは、電波にのって、日本中のお茶の間に届く。いまこの瞬間にブラウン管に映っているものは、学校の友達も見ているし、遠くの街の知らない人たちも見ている。一日の締めくくりの一家団欒《だんらん》の時間に、一緒に見て、その興奮や笑顔や驚きや涙を共有できる。俺はテレビがもつ力に、強烈な憧れをもっていたのかもしれない。

「俺がもしあそこにいたら、何をするだろう」

そんなことを、ぼんやりと思っていた。

そうやって、親父が作ってくれた「秘密基地」にもぐり込み、小学3年生だった俺は「夢」を見ていた――これが俺の原体験であるように思う。

「木梨さん、ご自身の半生を振り返る本を書きませんか。60歳になられた節目に――」

そう声をかけられたのは、２０２２（令和４）年3月9日、還暦を迎えた直後のことだった。

「とんねるず」ファンにはおなじみのテレビ番組『夕やけニャンニャン』『ねるとん紅鯨団《べにくじらだん》』『とんねるずのみなさんのおかげです』（いずれもフジテレビ系）や、『とんねるずの生でダラダラいかせて!!』（日本テレビ系）などで、同世代の代表として大暴れさせてもらっ

てきたこの俺が、赤いちゃんちゃんこを着て、

「おじいちゃん、おめでとう」

なんて、いわれる年齢になったというわけだ。いってみれば人生の大ベテラン⁉　ヤベェな！


俺はよく自分のことを「永遠の小学3年生」なんていっている。周りからも、

「いい年して、ぜんぜん落ち着きがないね」

とよくいわれるのは、小3の気持ちでいるからなんだろう。いまだにペラペラ、ガチャガチャと・・・・。困ったもんだ。


「自分の半生を振り返ってみるか」

なんて思ったときも、自分の原風景として脳裏に甦《よみがえ》るのは、やっぱり木梨サイクルの奥の部屋で、テレビにかじりついてドキドキしていた、あの小3のときの場面だった。


いまから50年前の１９７０年代前半。あの頃の日本の家庭は、どこもだいたい、そんな

感じだったのではないだろうか。もちろんお金持ちもいただろうけど、だいたいみんなちょっとずつ貧しかった。道が全部舗装されていたわけではなかったので、町にはいつも土《つち》埃《ぼこり》が舞っていた。隣近所や親類なんかと助け合って生きていて、義理人情を大切にし、暮らしぶりは質素だった。そして、夕食時はお茶の間に家族がそろって、テレビでバラエティー番組や歌番組、野球、サッカー、キックボクシングなどのスポーツ番組を見ては、泣いたり、笑ったり、感動したりしていた。

「俺は将来、テレビに出るから、見てね」

　小学生のとき、俺は近所の人なんかに、よくそう話していたらしい（後から聞いた話で、よく覚えていないんだけどね）。

　それからしばらくして、無鉄砲で楽観的で〝根拠のない自信〟にあふれていた俺は、テレビの世界に飛び込んでいくわけだが、実際にテレビでレギュラー番組をもっても、

「加トちゃん（加藤茶さん）だ！　あ、志村けんさんがいる！」

　と、小3の頃の「テレビ好きのガキ」のままで、それはいまでもまったく変わっていないように思う。

それでも、還暦を機に人生を振り返ってみてもいいかな、という気持ちになった。俺の人生はいろんな人の支えがあって成り立ってきたから、それを振り返るということは、いままでお世話になってきた人たちに、

「あのときは、本当にお世話になりました」

「みなさんのおかげで、いまの俺があるんです」

と伝えることになる。そこで改めて感謝の気持ちを示せるんじゃないかと思ったんだ。

「木梨憲武」はもちろん俺自身だけど、いまの俺が、自分ひとりの力で形成されたとは思ってはいない。これは俺に限らないことで、みんな必ず誰かに助けられたり、守られたりしながら大人になり、いろんなことを積み上げていく。俺の場合は、特にその傾向が強いんじゃないだろうか。

人生には、陽の光が当たる明るい場所や、木陰の涼しいところがあるかと思えば、雨が降ってぬかるんでいるところもある。陽が昇る前の、真っ暗な場面だって、もちろんあった。それでも、生きることを楽しんだり、つらいことを乗り越えたりしていまがあるのは、スタッフやファン、友達など、俺が「陣営」と呼んで信頼する人たち、みんなのおかげ。

俺にかかわってくれたすべての人のおかげで、いまの木梨憲武ができあがっているといっても、ぜんぜんいいすぎじゃない。

感謝の伝え方はいろいろあるけど、お笑いでも、歌でも、アートでもなく、〝言葉〟がいいとひらめいたから、本を書こうという気持ちになった。

ホラ、よくいうでしょ、思っているだけでは気持ちは伝わらない、ちゃんと言葉に出さないと――って。

だから、昔を思い出しながら、できるだけ自分らしい言葉で感謝の気持ちを伝えることにしました。

振り返れば、「部室芸」「素人芸」をウリにして芸能界に入ったのは、まだ10代の頃だった。「とんねるず」は〝芸能界の壊し屋〟とまでいわれた時代もあったし、レコードデビューして、

「あれ、俺たち歌手になっちゃった？　アイドルの仲間入りかも」

と、調子にのった時代もあった。

そうかと思えば、画家を気取って、アーティストの仲間入りまでさせてもらったりもして、そういったことすべて、年上の「大人たち」が舞台を用意してくれて、

「そら行け！」

と送り出してくれたからできたことだ。


俺の周りには、いつもとんねるずをおもしろがってくれた大人のスタッフと、ノリのいいファンや仲間たちがいた——そう、いまの俺があるのは、とんねるずの看板番組のタイトル同様、

「みなさんのおかげです」

なのだ。ちなみに、このタイトルだって、当時フジテレビのプロデューサーだった港浩一さんや、構成だった秋元康さんがつけてくれたものだしね。


そうしたさまざまな場面をじっくりと思い返す機会なんて、還暦という節目でもなければないだろうし、振り返りつつ、これからの自分にできることがなんなのかを、整理できたらと思う。

若い頃は、目の前にいるスタッフや仲間、そのときどきの俺の陣営の人たちと盛り上がり、それで楽しめればいいと思っていた。でも、最近はそこにプラスアルファっていうのかな、笑いとかアートとか音楽とかを通して、俺がみんなの役に立てることはないかって思うようになってきた。

１９９４（平成６）年から続けてきたアートの展覧会にしても、以前からアートの力を借りた〝恩返し〟について模索していて、それが、２０２３（令和５）年６月に、東京の代官山ヒルサイドフォーラム＆エキシビションルームで開催した『ＧＯＫＡＮ～５感～木梨憲武』という形になった。

俺には以前から、ハンディキャップのあるアーティストたちに会って作品を見たい、交流を深めたい、一緒に作品を作りたいという思いがあった。〝お役に立ちたい〟っていう思いももちろんあるけれど、そこまで偉そうなものではなくて、世の中にはまだまだ才能のあるすごい人たちがいる、そういう人たちと仲よくなりたい、という気持ちのほうが大きかった。

それで２０２２年に、そうした活動をするための「木梨憲武財団」というのを、なるさん（俺の奥さん、安田成美さんね）たちと一緒に立ち上げた。この財団が主催となって、代官山での展覧会を開催したというわけだ。彼らの作品と俺の作品をひとつの空間に展示して、訪れた人が、それらに自由に触れられるような、そんな温もりある展示にしてみた。この展覧会で俺は、多彩で豊かな感性とコラボでき、これまでに経験したことのない刺激を受けた。

若いアーティストたちを応援するつもりが結局は俺が恩恵を受けて、しかも素敵な仲間も増えたから、恩返しどころか、また「みんなありがとう」という感謝の気持ちでいっぱいになった。

そう、何度もいうけど、俺は恩返しがしたいのかも⁉

本を書くということは、その決意表明みたいなものかもしれない。

——って、気取った文章でスマン‼　もうそろそろ、

「おやおやっ、ノリさんどうした？」

と思う人もいるだろうけどさ、木梨憲武、初の自伝ともいえるんだから、プロローグぐらいはカッコつけても許してくれよ。でもまあ、ここからは、いつもの俺の口調で行こう

かな。

話を戻そう。で、本を書くと決めたとはいえ、

「俺に書けるのか」

とも思った。何しろO型でざっくりした性格だから、昔のことを正確に思い出せるか自信がないわけ。その点、几帳面《きちょうめん》なA型で、何年何月に誰が何をしたのか、すぐに思い出せる「リーダー石橋」とはぜんぜん違う。

「詳しいことは、貴明に聞いてよ」

そういいたくなることもあるけど、でもね、ここは俺自身の言葉で伝えないと意味がないと思うから、思い出してみることにする。

そしてもうひとつ、この本を書こうと思ったきっかけは、

「いま、とんねるずはどうなっているの？」

と気にかけてくれている人が少なくないから。

２０１８（平成30）年3月22日、『とんねるずのみなさんのおかげでした』（フジテレビ系）が終了した。そのときは、

「解散か」

「引退か」

なんて世間でいわれていたのは知っている。貴明は当時のことを、ＹｏｕＴｕｂｅなんかで語っているようだけど、俺はこれまで、きちんと語ったことがなかった。

だから、この本がその答えのひとつになってくれればとも思っている。


それから、俺たちをおもしろがってくれて、40代、50代、60代と一緒に年齢を重ねてきたとんねるず世代にも、感謝や恩返しがしたい。そういう人たちの中には、このところの暗くて冷え込んだ世の中の影響で気分的に落ち込んだり、長年勤めた会社で定年を迎えたりして、人生の次なるステップを見つけられずに、迷子になっている人も少なくないんじゃないかな。そんな人たちに、俺という人間を知ってもらい、そして、もしそこに人生の後半戦を生きる「ヒント」みたいなものがあるとするならば、参考にしてくれたらうれしいと思う。

これもまた、とんねるず世代への、恩返しのひとつといえるんじゃないかな。

えっ？　どんなヒントがあるのかって？

たとえば、何事にも必要以上に計算したり、躊躇《ちゅうちょ》したりせず、とりあえず飛び込んでみることも大切なんじゃないかということ。俺は、サッカーがしたいと思ったら、自分の素質とか実力とかはほとんど何も考えず、ノリと思い込みだけでサッカーの名門・帝京高校に飛び込んじゃったし、お笑いの世界でも、「ボケ」とか「ツッコミ」とかさえわからないまま突っ走ってきた。正直いって、いまでもそれはわからないしね。

「ノリさんは特別だからうまくいったんだよ」

っていう人もいるけど、本当にそうなのかな——。

もし木梨憲武のこれまでの生き方を「あっぱれ！」と評価してくれる人がいるとしたら、その理由は、できるとかできないとか自分で勝手に決めないで、純粋な思いのままに進んできたところにあるんじゃないかなって、本気で思ってる。

「ノリさんは考えるより、感じるタイプだよね」

なんてよくいわれるけど、たとえなんのビジョンもなく、がむしゃらに進んだとしても、ものすごく真剣だったら、いろんな人が支え、助けてくれるものなんじゃないかな。

「その根拠のない自信はどこからくるの？」

なんていう人もいる。どうやら俺には、根拠もないのに、揺るぎない自信とやらがあるらしい。

根拠のない自信の正体は何かといえば、それは純粋に「こうしたい」「こうなりたい」って熱く強く思い、イメージを出しまくること。そして夢中になってのめり込むこと。それ以外の何ものでもないと思う。

「そうはいってもある程度の年齢になったら、失敗も怖いし、突っ走れない」

なんていう人もいるだろうね。でもね、俺は思うんだよ、そもそも「失敗」ってなんだろうって。

たしかに、後になって、

「もっとこうすればよかったなぁ」

なんて思うことはある。むしろ、俺はかなりの頻度でそう思ってる。

でも、それは方法と結果を、確認したり反省したりするだけのことで、何かを失ったり、何かに敗れたりしているわけじゃないから、「失敗」とはいえないんじゃないかな。それに、うまくいかなかったことも、何年も何十年もたった後に思い出してみると、「意外に

あれがよかったんだ」「あの経験がなかったら成功しなかったな」と思い直すこともあって、そういう意味で、

「失敗と思わなければ人生に失敗なんてない！」

ともいえるんじゃないかな。

どうよ、なかなかの名言でしょ。

すでに誰かがいっていそうな気もするけど、これは俺の本心からのメッセージだから、いま落ち込んでいるきみ、そしてあなた、よかったら何かのヒントにしてみて。

根拠のない自信だっていいじゃないの。とにかく胸を張って、信じる道を進もうよ。

あっ、でも、一応、周りをキョロキョロ確認しながら……ね。

俺もね、まだまだこれからだって思っている。周りには、年齢に関係なく走り続けている素敵な先輩が大勢いるし、もちろん貴明もいる。そういう人たちの活躍には、俺自身、活力をもらえるし、彼らから教えてもらったことを、みなさんとも共有できたらいいなと思う。

やっぱり、俺は永遠の小学3年生なんだと思う。初めてテレビに出たときも、レギュラー番組をもったときも、結婚したときも、子どもが生まれたときも、絵を描き始めたときも、還暦を過ぎたいまも、

「これから、どんな楽しいことをやろうかな」

と四六時中ずっと考えている。きっと、全部楽しいんだろうな……と。

自分の家に入ると、

「でっかい家だなぁ」

なんて、思わず声に出しちゃうことがある。リビングだけでも、ひょっとしたら昔の木梨家全体より広かったりするのだが、俺はいまでも小さいコタツに入って、テレビを見ている。コタツで一杯やって、タバコをふかして、眠くなったらウトウトして、

「なんかおもしろいことないかな」

と「夢」を見ている。

親父が小学3年生の頃に作ってくれた「秘密基地」にいるときと、まるっきりおんなじだ。住む家が大きくなっても、「人生にワクワクする」っていう気持ちは、何も変わらない。

ここまでどう？　大丈夫？　本を書くとなるとなかなか調子がつかめないから、

「いつもの憲武と違うんじゃないの」

なんていわれるかもしれない。

こういう文章の中に、お笑いとか、おふざけを挟むのって、なかなか難しいからさ。でもまあ、あまり堅苦しく考えず、みんなに楽しんで読んでもらえるような調子で書き進めていけたらいいかなと思う。高卒の文だもんで!!

俺としては、木梨憲武の人生というか、これまでの歩みみたいなものをできるだけ正確に書いていけたらと思っています。とはいえ、いまの時点では、そんなことができるかどうか不安でもある。でもね、一文字ずつ、ていねいに、書き進んでいこうと思っているから、できれば最後までお付き合いください。

第一章

一旦撤収

陣営還暦パーティー

大西洋を「コンコルド」でひとっ飛び

俺の長年の親友、ヒロミはよくこんなことを口にする。

「ノリちゃんは、バブル景気を代表するタレントだよね」

ん〜、どうかな？　たしかにそうかもしれない。

バブル期とされる１９８６（昭和61）年から１９９１（平成３）年頃は、世の中全体に活気があって、いわゆる〝イケイケの時代〟だった。テレビでは、松田聖子ちゃん、中森明菜ちゃん、キョンキョン（小泉今日子ちゃん）、「おニャン子クラブ」なんていうキラッキラのアイドルたちが、どのチャンネルをつけても出ていて、ドラマの世界ではW浅野（浅野温子さん・浅野ゆう子さん）がトレンディドラマを席捲《せっけん》していたっけ。

バブル期の女の子のファッションといえば、ワンレン（ワンレングスカット）、ボディコン（ボディコンシャス）。長いストレートヘアに合わせるのは、大きな肩パッドとウエストを細く絞ってボディラインを強調したミニ丈のワンピース。真っ赤な口紅と大ぶりのアクセサリーもバブルの象徴だった。

そんな女の子と付き合う男の子が身に着けていたのも、肩パッドがかなり広めのゆったりとしたダブルのスーツ。パンツも太めで、茶や緑、紫なんて派手な色を好んで着ていた人もいた。必須アイテムの小さなセカンドバッグを小脇に抱えれば、バブリーな男性ファッションの完成だ。お笑いをやっていた俺たちも、そんな流行のファッションでカッコよく決めてさ、「セーラーズ」「コムサ・デ・モード」「フランドル」「パーソンズ」「ＪＵＮ」なんかのブランドをよく着せてもらってた。バッグのブランドは「ルイ・ヴィトン」や「ハンティング・ワールド」など。これで、ドンペリ（ドン・ペリニヨン）やレミーマルタン、ヘネシーのグラスを傾ければ決まりだよね。

『ねるとん紅鯨団《べにくじらだん》』や、火曜ワイドスペシャルの特番枠で『とんねるずのみなさんのおかげです』（いずれもフジテレビ系）が放送されたのは、バブル真っ最中の１９８６年以降のこと。その前の１９８５（昭和60）年には、『夕やけニャンニャン』（フジテレビ系）、『とんねるずのオールナイトニッポン』（ニッポン放送）も始まっていた。

20代早々にして売れっ子芸能人の仲間入りをさせてもらった俺たちは、いま思えば、かなり生意気だったと思う。なんせ、

「新幹線はグリーン車でなきゃイヤだよ」

なんていって、先輩芸人たちが同じ新幹線の普通車で移動する中、グリーン車に乗せてもらい、飛行機はファーストクラスが当たり前だった。

超音速旅客機・コンコルドをチャーターしてもらって、ニューヨークからロンドンまで移動したこともあった。びっくりするよね。俺も驚いたよ。

朝ごはんを早々にすませてロケ現場に向かうスタッフを横目に、俺らはといえば、それより遅く悠然とホテルを出る。そして途中で、それも空の上で、スタッフが乗っている飛行機を追い抜く。いやあ、若手のくせに、イケイケだったね。

コンコルドに乗っているメンバーは、俺と貴明と、『ねるとん紅鯨団』のゼネラルディレクターだったテリー伊藤（このときは伊藤輝夫）さん、ＩＶＳテレビ制作（テレビ番組制作会社）の社長（現・会長）・長尾忠彦さん。

座席には、いろいろな土産ものまで用意されていてさ。食事で出されたステーキは最高にうまかった。いまでもその味を思い出せるもん。

そういう好待遇について交渉するのは、もちろんリーダー石橋だ。どこかに出かけていったと思ったら、どこぞの誰かに話をつけてきて、

「憲武、行くぞ」

なんていう。それで俺は、

「ハイ、了解」

って、いつもそんな感じね。

そうしたことが許されたのは、貴明の交渉力と、「とんねるず」が売れていたということも大きかったのかな。「売れたら、それが当たり前」とズンズン進んでいったね。それと、日本全体がバブルの好景気で浮かれていた、っていうのもたしかにあったかもしれない。

世の中の景気はいいし、とんねるずとしての仕事も順調だったから、いま思えば「スターとしては当然さ」なんて、俺も相当浮かれていたんじゃないかと思う。テレビの収録が終われば、新宿や六本木のほか、中目黒、芝浦、麻布十番のディスコやショーパブに繰り出すのが毎晩のお約束だった。店長やＤＪとはすっかり顔なじみで、

「チェッワース!!」

って店に入っていけば、たちまち大歓迎でＶＩＰルームに通された。そこには芸能人やプロのスポーツ選手、テレビスタッフ、スタイリスト、デザイナー、アパレル関係者や空間プロデューサーなど、さまざまな職種の人たちが出入りしていて、いつも賑《にぎ》わっていたから、ひとりでふらりと顔を出しても必ず盛り上がっちゃう。俺が芸能界入りして間もない頃からずっと世話になっていたコンちゃん（ブラザー・コーンさん）とも、そういう店で親しくなったんだよね。

ＶＩＰルームに集まる仲間たちとは、

「誰がいちばんかわいい女の子を連れてくるか大会」

なんてことで競って遊んだこともあったっけ。当時、彼女のいなかった俺は、そういうとき困っちゃったよね。知り合いからきれいでスタイルのいい女の子を紹介してもらって、

「俺と付き合ってる感じでムード出してお願い！」

と頭を下げて、なんとかついてきてもらったこともあった（あのときのみんな、ありがとう！）。で、そんな彼女たちには申し訳ないんだけどさ、いつも勝負に勝つのはコンちゃんなわけよ。コンちゃんはすごいんだよね、デルモあり、ワーデスあり、毎回すごいかわいい子を連れてくる流れ。

夜の街で遊ぶときは、俺と貴明はそれぞれ単独行動。まあ、大勢いるときは一緒になることもあるんだけど、俺はたいてい、ひと晩で複数の店をハシゴして歩いた。店にいる顔見知りと、ひとしきりおしゃべりを楽しんだら、

「さて次は、イケてるデルモの女の子たちが集まる店にでも行ってみようかな」

なんて、適当なところで腰を上げる。いろんなおもしろい人に会いたくて、どこに行ってもキョロキョロしていた。飲み代もたいていタダ。というか、コンちゃんか、誰か先輩が払ってくれていたのかな。店の厚意ってこともあっただろうけど。

夜の新宿や六本木を渡り歩くことを俺は「夜のパトロール」って呼んでいた。収録があった後でも毎晩のように楽しんでいたし、いろんな人に会って、仕事につながる縁を結んでいたんだよね。

（藤井）フミヤやヒロミとは、俺が20代の後半ぐらいから、よく集まって遊ぶようになったと思うけど、いまも変わらず、定期的に大人のミーティングをして、いい酒を飲んでいる。そうだね、振り返るとヒロミのいうとおり、俺はバブル期を遊びつくし、楽しんだタレントといえるかもしれないな。

幸いにも、バブルが終焉するとともに、俺たちも終わり……ってことにはならなかった。むしろ、そこからさらに加速していったように思う。

1988（昭和63）年10月からレギュラー番組化された『とんねるずのみなさんのおかげです』は、バブルが崩壊したとされる1991年においても好調だったし、『とんねるずの生でダラダラいかせて!!』（日本テレビ系）もこの年にスタート。コマーシャルの契約数はよく覚えてはいないけど、とにかくたくさんあった。音楽活動もうまくいっていて、1989（平成元）年には東京ドームでコンサートまで開いちゃったんだから、我ながら驚きだよね。

さらに1991年、17枚目のシングル『情けねえ』（秋元康作詞・後藤次利作曲）が第22回日本歌謡大賞で大賞を受賞。そしたらステージの壇上で、北島三郎さんにいわれちゃった。

「木梨、今回だけだぞ！」

こういいながらも、すごく喜んでくれたのを思い出す！

そして、この年の大晦日《おおみそか》には、なんと『NHK紅白歌合戦』に初めて出場など、ズンズン、ドカドカ！

この頃は忙しすぎて、寝るのは移動の車の中だけって日が続いたもんだから、ちょっと記憶があいまいなこともあるくらい、ホント怒涛《どとう》の日々だった。

「歴史が終わった」？　ハァ？

バブルの終焉には影響を受けなかった俺たちにとって、いちばんのターニングポイントは？　って聞かれたら、２０１８（平成30）年3月22日、『とんねるずのみなさんのおかげでした』（フジテレビ系）の最終回かもしれない。

といっても正直、俺自身はピンとこないんだけどさ。だって、それまでも数え切れないほどレギュラー番組を立ち上げては、終わりにしてきた経験があるし、俺にしてみれば、その中のひとつに過ぎなかった。

どんなに高視聴率をマークしていた番組や局の看板番組だって、永遠には続かない。２０１４（平成26）年には、32年も続いたあの『森田一義アワー　笑っていいとも！』（フジテレビ系）だって最終回を迎えたんだから。

そう、終わらない番組はない。

でも周りからの反応はかなり大きかった。そりゃそうだよね、何しろこの番組は、『とんねるずのみなさんのおかげです』から数えて約30年続いた長寿番組だったし、俺たちにとっては当時唯一の〝レギュラーホーム番組〟だったんだから。

2017(平成29)年11月3日に番組終了がスポーツ紙で報道されたんだけど、俺たちに知らされたのはその3か月ぐらい前だったたんじゃないかな。貴明とは別々に聞かされたから、貴明がどこで聞いたかは知らないけど、俺は、初代プロデューサーの港浩一さん(現・フジテレビジョン代表取締役社長)から、スタジオだったか、どこかの収録現場だったか、とにかくいつもの収録の合間に聞かされたと記憶している。とはいえ、その前からなんとなく、

「そうなるかもしれない」

という話は聞いていたし、予兆もあったたから、心づもりはしていたんだよね。

番組終了の理由として、いくつか思い当たることもあった。そのひとつは制作費。俺たちの番組はバブル期に始まったこともあって、おもしろい企画となれば、お金に糸目をつけずに作ってきた。といっても、お金についてはよく知らないんだよね。港さんに、

「海外でロケしたいんだけど」

といえば、

「ＯＫ、その代わりちゃんと撮ってこいよ」

といわれるだけで、「ＮＯ」といわれたことはなかった。でも、きっと予算をかき集めてくれていたんだろう、っていうのはわかる。

そうやってお金をかけても、番組の歴史の後半戦は、視聴率が５～８％の間を行ったり来たり、だったみたい（俺自身は気にしていなかったんだけど）。

番組開始当初は20％台をキープしていたことを考えれば、時代も変わっていた。新しくておもしろい企画について、アイディアはいっぱいあったんだけど、なかなか実現させるのが難しい風潮になっていたんだよね。そのへんは後で触れるけど。

だから港さんから番組終了について、

「聞いたか？　憲武。上がそういってるんだからしょうがねえけど、どうだ？」

と聞かれたときは、

「聞いた聞いた、まあね、ありがとね！」

って感じ。俺から終了の理由を聞くとかそういうのはなくて、

「そうすると、あと何本？」

って、残された放送回をどんな内容にするかって話ばかりしていた。恥ずかしくないようにきれいに終わらせようかとか、いや、きれいじゃないほうがとんねるずらしいんじゃないか、とかね。


ここで貴明が暴れて、俺が悪ノリして……って展開は、とんねるず的な〝お約束〟だけど、現実にはそうはならなかったな。この本を読み進めてもらったみなさんなら、まぁそうだよねとわかってくれると思うんだけど、俺の生き方は、わりとたくましい、らしい。

「次行こうぜ」「次は何やろっかな」が基本だからね。

そうなんだ、了解。じゃあ、これからもっとおもしろいことやるか、って感じで受け止めたんだが、どうやら貴明は、考えるところがあったらしい。

貴明は、

「俺たちは肩をたたかれた。歴史が終わった」

なんて、後日インタビューで語っていたみたいだね。とんねるずのレギュラー番組が終

わったことが大事《おおごと》みたいに報じられて、世間にそう受け止められたところはあるのかもしれない。

でも俺の意見はちょっと違うかな。

「歴史が終わった」

じゃなくて、「次の歴史作り」、ガハハ……。

ナニ？　すこし大げさすぎるって？　いや、マジで！


俺たちの芸は、時間をかけてネタを考え、それを練って磨きをかけていくような、落語や漫才が突き詰めてきた「お笑い」じゃなくて、アドリブと勢いで勝負するスタイルなわけだけど、それが１９９０年代のテレビバラエティー全盛期に新鮮な印象を与えたんだよね、たぶんだけど。当時の大人たちからは、目立ちたがりのただの「素人芸」とか、高校生が部室を舞台に、仲間内だけで盛り上がっているような「部室芸」だ、とかって揶揄《やゆ》されたんだけど、若者はそこに大ウケしてくれたってわけ。

それまでになかった「新しい笑い」を作ったという意味では、ひとつの歴史を作ったかもしれない。

だけど、番組がひとつ終わったからって、俺たちがやってきた笑いも終わった、ってことじゃないんだよね。たぶん、ぜんぜん。

たしかに『みなさんのおかげでした』が終わったときは、

「番組打ち切りに際しては、かなりモメたに違いない」

「そろそろ解散か」

なんて、さまざまな噂《うわさ》が飛び交ったっていうのも聞いたことがある。でも、実際にはそんなことはないし、俺はいたって冷静に受け止めていた。

むしろ、ファンや近しい人たちが残念がってくれて、はがきや手紙なんかをたくさんくれた。ありがたかったなあ。

「いやいや、これも流れだから。次行こう、次」

なんて、かえって俺のほうが相手を慰めるような場面もあったほど。実際、次にどんなおもしろいことをしようかって、俺には本気でワクワクする気持ちも大きかったしね。

長年一緒に番組を作ってきたスタッフたちのことは、心から信用していた。番組が終わって、毎週会っていた人たちと会わなくなることは寂しいけど、そういうスタッフとはい

までもばったり会うと、
「調子どうよ？　いま何してるの？　また何かやろうよ⁉」
　って話で盛り上がる。

『みなさんのおかげでした』のスタッフたちはさ、すごかったのよ。なんせ、本番直前に思いつく俺のアドリブにも即座に対応して、「あれ、持ってきて！」とか、「これなんとかならない？」なんて思いつきを、あっという間に形にしてくれるんだから。それができたのも、長年かけて積み上げてきた信頼関係があったからだよね。

　そんなスタッフたちみたいに、仕事に対する姿勢やスピード、行動力、おもしろいと思う部分が同じで、根本的に通じ合える人のことを、よく「俺気味の人」とか、最近では「陣営」なんて言葉で呼んでいるんだけど、そういう仲間との仕事は楽しかった。

　彼らの顔色を見れば、ノッているかどうかがわかるから、ノッてるとわかれば、俺もノレるし、細かいことをいわなくても、阿吽《あうん》の呼吸でどんどん前に進んでいける。彼らとなら、多少方向が違ったとしても、軌道修正しながら、最後には必ずみんながおもしろいと思える方向へ進んでいけるんだよね。そうして俺たちの笑いの形はできてきたんだと思う。

「憲武、もっといけ」「どんどんいけ」

そんな陣営の筆頭といえば、『みなさんのおかげです』の演出を手掛け、２０２２（令和4）年にフジテレビジョン代表取締役社長となった港浩一さんだ。

「貴明と憲武は好きなようにやれよ。ケツは全部、俺が拭くから」

「やれ、もっとやれ、大丈夫だ‼」

こんなふうにいって、港さんはいつも俺たちを高ぶらせてくれた。いまも会うんだけど、あの人、まったく変わらない。スゴすぎ！

バラエティー番組の制作・進行のスタイルは、番組によってさまざまで、中にはきちんと台本通りやるタイプの番組もあるんだろうけど、俺たちの昔の陣営は、「台本はあくまでも台本」として、アドリブが主流だった。リーダー石橋が、秋元康さんをはじめ、放送作家の遠藤察男《さつお》さん、吉野晃章《てるゆき》などのチームと細かく打ち合わせをして、大きな流れを決めていた。

一方の俺はというと、会議や打ち合わせにはほとんど出ない。本番当日、ペラッと1枚、台本らしき紙を渡されるだけ。それをもとに現場でなんかないか、キョロキョロと！

ほぼ進行どおりの貴明と、俺はいつもアドリブが中心だったかな。けれどもコーナーによっては、ふたりのアドリブ合戦で、台本無視状態も・・・。

アドリブについては本番数分前に思いつくことがほとんどだったから、貴明や港さんに知らせる時間の余裕はほぼなかったんだよね。

ギリギリまで、どうしたらおもしろいか、思いつき、一発勝負。小道具さんや照明さん、コントの相手にだけ素早くその内容を伝える。スタッフなんか大変よ。それから大急ぎで準備するんだから。

あまりにギリで、ほかのスタッフに伝えないときもあったんだけど、それでもちゃんと舞台を整えてくれるの。みんなプロだよね。それで、いきなり本番をやっちゃう。で、やりながら貴明とかスタッフの反応を見てさ、吉野なんかが大笑いして、貴明もニヤニヤしたりして・・・。

（おっ、貴明も笑ってんじゃん。じゃあ、オッケーだよね）

とまあ、これが俺たちとんねるずの呼吸、スタイルということになっていたのかな⁉

ゲストのタレントやアイドル、フジテレビのアナウンサーにも台本無視の無茶ぶりをしていたっけ。中でもフジテレビのアナウンサーだった高橋真麻ちゃん（現・フリーアナウンサー）は、最高だったね。水をぶっかけられても、消火器の薬剤を浴びても、

「ノリさん、次は何行きますか！」

って、ひるまない。それを見たスタッフたちがまずウケて、貴明の目が、

「憲武、もっと行け」

といっているのを確認できると、俺もどんどんノレた。ほかのスタッフも、

「どんどん行け」

が口癖だったから、俺も貴明も、イスは投げるし、セットは壊す。観月ありさちゃんとか荻野目洋子ちゃんとかさ、アイドルだっていじり倒させていただいた。


コントでは宮沢りえちゃんにもずいぶん遊んでもらったよね。

「ねえねえ。りえみたいなアイドルが鼻血を出したら、絶対かわいいから、やってみて」

そういうと彼女もまた、おもしろがってやってくれた。

鼻血を出すシーンが結構多くて、『みなさんのおかげです』で、「仮面ノリダー」の恋人役を演じてくれた渡辺満里奈ちゃんも、鼻血の出た顔をアップで撮られていたね。でも笑

顔で演じ切ってくれた。ありがとうね。

キョンキョンも、番組を楽しんでくれて、「モジモジくん」のコーナーでは、牛乳を一気飲みをしてくれたこともあったっけ。

１９７０年代に平均視聴率31・３％を記録した人情ドラマ『寺内貫太郎一家』（ＴＢＳ系）のパロディー「寺内貫太郎一家ふたたび」でも、やりたい放題やらせてもらった。

小林亜星さんが演じていた寺内貫太郎役の貴明が、

「みそ汁はこうして飲むんだ」

と、口に入れたみそ汁をダラダラこぼしてみせると、お手伝い役の南野陽子ちゃんまでもそれをマネて口からダラダラ。アイドルがダラダラよ。すごいでしょ。おばあちゃん役の研ナオコさんもごはんつぶを飛ばすし、最後はみんなで食べ物の飛ばし合い。食卓はぐちゃぐちゃになっちゃった。

いまはもう、こういうのをやったら怒られて当然。ていうか当時も怒られちゃうんだけど、逆に、あえて怒られることをやってた。怒られて当然なことがおもしろかったんだよ。なんとなく「ドリフ」で学んだのかな……。

『みなさんのおかげです』のコーナーではさ、俺たち気味の人だったのは、スタッフだけじゃなかったということだね。番組に出てくれて、無茶ぶりにもひるまず、気持ちよく遊んでくれたレギュラー出演者やゲストたちは、みんな俺たち気味の人たち。いや、この場合は、「とんねるず気味」といったほうがいいかな。

そうした人たちがいてくれたから番組は盛り上がったんだ。楽しかったなあ。本当に感謝しています。井上陽水さん、玉置浩二さん、「チェッカーズ」のメンバー、そして、後輩芸人チームのみんなもね……。

〝お約束〟と、ユーモアと、コンプライアンスと

そんなふうにやっていくのが俺たちの「芸」になっていたから、巷《ちまた》では〝壊し屋〟なんていわれて、お叱りの手紙が届いていたみたい。港さんやスタッフたちが気を使って、あまり俺たちには見えないようにしてくれていたから、本当のところはよくわかっていないんだけどね。まあ、たまに耳に入っても、

「おもしろければいいでしょ」

なんて感じで、そういった意見を怖いなんて思わなかった。

でも、あまりのお叱りの多さに、無視できなかったこともあったんだ。俺のおばあちゃんにまで怒られちゃって……。

１９９１年10月31日、『みなさんのおかげです』の番組冒頭で、「木梨憲武さんを偲《しの》んで……」と題した特別コーナーを流したときのこと。そのときの俺は、実際に盲腸の手術を受けてしばらく収録を休んでいた。復帰する回の生放送で〝追悼特番〟を模したドッキリを仕掛けようということになった。

番組が始まると同時に、画面には遺影に見立てた俺の写真が映され、貴明とフジテレビのアナウンサー野崎昌一《のざきまさかず》さん（現・フリーアナウンサー）が並び、野崎さんが神妙な面持ちで、

「タレントの木梨憲武さんが、盲腸のために信じられないことになってしまいました。本日は番組内容を変更して特別番組をお伝えしてまいります」

といった内容を告げた。貴明も、

「そうですね、昨日は手術後、初めての仕事で、体がベストな形になるまでは芸能活動は

控えておいたほうがいいといったんですが、やはり本人の強い希望で昨日は出演したんですが……」

なんていうものだから、多くの視聴者は、俺が死んだと思ったのだろう。でもその直後、青のジャージを着た俺がノコノコと登場したわけだ。

「何やってんの？」

なんていいながら……。

それでギャグだったんだとわかる、コントらしき「いたずら」だったんだけど、視聴者からは、

「悪ふざけもほどほどにしろ」

と多くのクレームをいただいた。後日、俺のおばあちゃんからも、

「やっていいことと、悪いことがある」

と、相当怒られた。テレビの前で心臓が止まりそうになるぐらい驚いたらしい。

こちらとしては、ひと言も「死んだ」という言葉は使っていなかったので、バラエティー番組の〝お約束〟としてそこに気づいてほしかったわけだけど、たしかに、このときはやりすぎてしまったかもしれないなぁ。でも、正直、やりすぎがおもしろいとも思ってい

たりして……。

　そうした、

「これが笑いだってわかってるよね。そのうえで本当っぽくやるよ」

といった〝お約束〟ネタはとんねるずの十八番《おはこ》だったんだけど、困ったことに、その〝お約束〟が、世間になじまなくなっていったのかな。

　そして、いつの頃からかスタッフから、

「コンプライアンス（法令遵守）で……」

などと、アドリブ芸に対し、「待った」がかかる雰囲気が出てきた。

「人をたたくなんてもってのほか」

「それっていじめじゃないの？」

といった視聴者からの意見が強くなっていったんだよね。

　たとえば、『みなさんのおかげでした』のコーナーのひとつとして、２０１１（平成23）年にスタートした、通称「買うシリーズ」も、コンプライアンスの観点からクレームの対象になったと聞いている。

このコーナーは、後輩のお笑い芸人を買い物に連れ出し、時計、スーツ、車、バイクといった高額商品を買わせちゃうというもの。最後に、

「買いますか?　買いませんか?」

と、買う気があるかどうかを確認してからの購入になるんだけど、高級ブランドショップに連れていって、あれこれ見せながら、より高額な商品を買うようにしむけるというのが、〝お約束〟だった。

たとえば、「バナナマン」の日村勇紀と「タカアンドトシ」のタカは高級車・ポルシェを購入してくれた。日村の買ったポルシェは、なんと1599万7710円ということで、番組内で最高金額となった。これに対し、

「無理やり買わせてかわいそう」

「先輩のパワハラ?」

なんて声が寄せられたらしい。

最終的には、みなさんのご想像にお任せするんだけど、ムリやり「これ買え!」って、買わせていたわけじゃないんだ。事前にしっかりした準備があって、いってみれば、買う

かどうか迷っている人の背中を押させていただいたって感じかなぁ。

それでも、芸人たちが自由演技とアドリブで切羽詰まった感じを出し、

「ちょっと待ってくださいよ～。ホントに俺、買っちゃうの～」

なんて、いっているだけでなかなか買おうとしないから、俺としては、もっと強く背中を押してあげなくちゃと思ってね。それで、

「買うのをイヤがる、そのくだりはもう撮れてるから、早くして。時間ないから!!」

なんて急かさせていただきました。ガハハ……。

芸人って売れるとすぐにほしいものを買っちゃうイメージがあるでしょ。でもあまりに高額だと買うのを躊躇《ちゅうちょ》したりもする。そこで、周りも一緒になって、「買うの？」「買わないの？」って、その境で遊んでいただけ。そこがこの企画のおもしろさなんだけどね。

最初は意見が届いているといわれても、

「えぇ？　そうなの？　大変だね」

なんて、まるで他人事《ひとごと》のように受け止めていた。

みなさんからの抗議を恐れずにあえて書くなら、もともとお笑いというのは、意外性や驚き、常識を逸脱したところから生まれるんじゃないかな、って俺は思っている。それをルールで縛って、いちいち、

「こういう言い方なら大丈夫だろうか」

なんて気にしていたら、アドリブやお約束での笑いはとりづらくなってしまうのかもしれないね。

しかも、それまでは手紙や電話で来ていた問い合わせが、インターネットの普及でＳＮＳにあげられるようになった。ＳＮＳは多くの人が見るから、瞬時に広がる。

いつの間にか、

「ダメなの？　そうなの？」

なんて、のんきに構えてはいられなくなっちゃったんだな。

もっとおもしろくできる、そのアイディアはある、だけどやりにくいんだとしたら、どうしたらいいのか――いま思えばだけど、番組の後半戦は、ディレクターも芸人もみんなで闘っていたのかもしれない。

生涯「プレイヤー」がいい！

そうした流れと同時に、自分たちに求められる「役割」の変化もあった。

たとえば、『みなさんのおかげでした』の名物コーナーに「全落《ぜんらく》・水落《すいらく》オープン」というのがあった。簡単にいえば、ゲストをドッキリで落とし穴に落として、「いかにおもしろく落ちるか」を競わせる企画だね。

このコーナーでは当初、俺も貴明も穴に落ちていた。もう数え切れないほど、落ちましたよ、ええ。

ところが、キャリアが長くなるほどに、そういうことをするのは、若い芸人やタレントたちの役割になって、俺たちの役割は、それをリードしたりいじったりする、いわゆる〝回し〟へと変わっていった。

このコーナーによく出てくれていたのは、「おぎやはぎ」やバナナマン、カンニング竹山。あと芸人じゃないのに、芸人以上の笑いをとってくれたメイクアップアーティストのＩＫＫＯさん。みんな、泥にまみれてビショビショになりながら、プロの自由演技を見せ

つけてくれた。それを見ていると、

「俺もやりてぇ～」

って、血が騒いだねえ。ほかとカブらずにどうトボけて、俺も落ちてやろうかって考えて、準備して、その結果うまく落ちて笑いがとれたら最高に楽しいでしょ。

それも大好きなハワイでやれたら最高！　うれしすぎる!!


別のコーナー「博士と助手　細かすぎて伝わらないモノマネ選手権」なんかは、いまも『ザ・細かすぎて伝わらないモノマネ』（フジテレビ系）というスペシャル番組として続いていて、たくさんのスターを生んできたけど、これも俺がプレイヤーとして参加したくてたまらないコーナーだった。

「博多華丸・大吉」の華丸による児玉清さんのモノマネは、関根勤さんと腹を抱えて笑ったし、「次長課長」の河本準一の中国人シリーズも秀逸だった。さすがプロだよね。いとうあさこ、山本高広、椿鬼奴…その後、売れていく芸人たちはみんなやっぱりおもしろかった。そういうプロたちの卓越した芸を見ていると俺も回しじゃなくて、一緒にその中に入って、

「五木ひろしさんのモノマネがしてみたい！」

なんて、強烈に思ってしまうわけだ。

生涯プレイヤーでいたい――そうは思っても、ときがたてば違った〝役割〟を求められることがある。

とはいえ、『ねるとん紅鯨団』のときだって、俺たちの役割は、いってみれば回しで、それはそれでおもしろかったし、反響もあった。

それでもやっぱり、「プレイヤー、楽しそうだな」と思い、「もし俺があの男子の中のひとりだったら、フリータイムでどんな動きをするんだろう」なんて、あれこれ考えると、プレイヤーとしてのやる気に燃えてしまうんだよ。

みなさん最終回

番組の終了を告げられて、

「聞いた聞いた、まあね、ありがとね！」

とだけ俺はいったって前に書いたけど、それは、これまで俺らを自由に遊ばせてくれたフジテレビの陣営にちゃんと感謝して、気持ちよく番組を終えたいと思ったから、っていうのもある。

最終回の収録は2018年3月15日にお台場のスタジオで行われた。この日撮ったのは、エンディングに流す歌『情けねえ』だけ。だから、夕方の4時くらいにスタジオに入った。2回歌ったらすぐOKが出たから、6時には終わったと思う。

『情けねえ』はとんねるずの代表曲で、この最終回だけ、一部歌詞を替えて歌った。

本来の〈♪この国を滅ぼすなよ〉という歌詞は、

〈♪バラエティーを滅ぼすなよ〉に。

〈♪この国をおちょくるなよ〉は、

〈♪フジテレビをおちょくるなよ〉

と、エンディングにふさわしいようにアレンジしてもらった。このメッセージで、長い間お世話になってきたフジテレビ、そして陣営たち、ファンのみなさんに感謝の気持ちを伝えられたのかな。どうだろう。

最終回用のコントは前の日にすでに撮影を終えていた。宮沢りえちゃんや渡辺満里奈ちゃんが来てくれて、ドラマ『北の国から』（フジテレビ系）のパロディーを久しぶりに撮った。

「どうやってやってたっけ？」

なんていいながら。

だから、3月15日は、本当に歌っただけ。貴明もスタッフたちも、特に感傷的になるようなことはなく、俺にいたっては、

「歌だけか、やった！　今日は早いな。その後打ち上げだ！」

なんて思っていた。

スタジオには、ヒロミ、バナナマン、おぎやはぎをはじめ、港さんや歴代スタッフが一堂に会していて、俺たちの収録を最後まで見ていてくれた。まるで同窓会みたいだったな。

ヒロミなんて喜んじゃって、

「とんねるずと撮らなきゃ」

なんていいながら、写真を撮りまくっていた。

その後、フジテレビのすぐ近くの打ち上げ会場に移動したんだけど、その頃にはスタッフもタレントも相当な人数になっていたっけ。総勢１００人くらいにはなったんじゃないかな。

「あのコーナーはおもしろくなかったなあ」

「そりゃ、お前のせいだろ」

とか、

「またな」

「あ、またはねえけどな」

なんて笑い合いながら、ドンペリで乾杯した。

ドンペリには思い出があってさ、１９８８年11月３日放送の『みなさんのおかげです』で、初めて視聴率が20％を超えたとき、ドンペリで乾杯したんだ。

「プロ野球選手みたいに祝おうぜ」

ってことで、ビールかけまでやった。そのときに、

「ビールって目に入ると痛《いて》えんだなぁ」

とか、

「毛穴から酔うんだぁ」

なんて発見もあった。

ともあれ、最終回の打ち上げも、そのときみたいに、ドンペリで締めたってわけ。

そういや、貴明はそんなに飲んでいなかったな。打ち上げの後、２次会でどっか行ったのかも。俺も酔わなかったな、楽しすぎたんだな、きっと。

撤収、その後

俺たちの全盛期は、テレビとラジオが主流だったけど、いまはインターネットの普及で、ＹｏｕＴｕｂｅや動画配信サービスなどで、各自が好きなものを見られるようになった。

かくいう俺も、ちょくちょくインスタライブをやったりしている。そういう時代の変化の中で、テレビを見る人は以前より減ったし、ネットに比べても過激な表現はＮＧになってきた。それはちょっと寂しいかな。どうだろ。

俺たちは、タレントもスタッフも意見を出し合って協力して番組を作ってきた。でも周りを見てみると、いまはしっかりした台本のもと、役割分担がなされ、「作る人」と「それにのっかる人」が、きちんと分けられるようになったように見える。そうなると、スタッフとタレントのコミュニケーションも希薄になっちゃうんじゃないかって、心配になったりもするんだけど、でも、そうした番組の作り方が、いまの時代に合っていて、それはそれでいいんだろうね。

俺たちとんねるずにとっては、いちばんの憧れの場所であり、のびのびと好きなことができた場所が、テレビの世界だった。かつてフジテレビが標榜《ひょうぼう》した《楽しくなければテレビじゃない》というスローガンの通り、俺たちはおもしろいことを毎週放送したし、視聴者もそれを喜んでくれた。

すばらしい陣営とも出会えた。チームを組んでやりきることや、さまざまな限界にチャレンジする高揚感も味わえた。

とんねるずとしても俺としても、「らしくないところ」ではがんばれないと思う。仮にがまんしてがんばったとしても、それは効率が悪いし、自分が楽しめないようでは楽しさが伝わらないから、やる意味がないって思うんだよね。

人には、その人らしい場所やふさわしい場所というのがあって、そこでがんばるのがいちばんだと、俺は思っているからさ。

だから、『みなさんのおかげでした』終了後は、テレビの世界から、一旦ね、一旦だけ撤収することにしたわけ。この場合、〝休憩〟といういい方がアリ！　ムリして「すぐ次！」はロクなことがない。

撤収って言葉、俺たちは好きでよく使うんだよね。とんねるずとスタッフで結成した音楽ユニット「野猿」のラストアルバムのタイトルも『撤収』（2001【平成13】年3月発売）にしたくらいだもん。

この言葉にはさ、もともと、その場に広げたものを片づけるって意味があるんだけど、テレビの収録現場では、出演者やスタッフをはじめ、大道具や小道具まで、きれいさっぱりそこからいなくなることをいうんだよね。俺たちの番組の中でもたびたび、コーナーの最後などで、「撤収！」っていう掛け声を使ってきた。聞いたことないかな？

「撤収」はさ、「撤退」とは違って、またこの場に戻ってくる可能性を含む言葉だって俺は思う。それがいつどんな形で実現するかはわからないけど、そんな可能性を残す言葉こそ、俺たちとんねるずに、まぁ、ふさわしいんじゃないかって思うんだ。


「とんねるずは解散するの？」

なんていわれているから、はっきりいうよ。そんなことといった覚えがない！

芸能界には定年もないし。だからこそ、野猿のアルバムのタイトルじゃないけどさ、「撤収」っていう言葉がしっくりくるのかもしれない。それにとんねるずはまだテレビで、『夢対決とんねるずのスポーツ王は俺だ!!』（テレビ朝日系）をやってるでしょ。

長く活躍した場所から一度離れて、また別の活躍できる場所、俺たちらしい場所を探せばいいじゃん、という気持ちが強かったから、キッパリサッパリ、

「ハイ、了解！」

で飛び立てたんだよね。だから、最終回を撮影して打ち上げをしたもう次の日には、

「次はどこで何をしようかな？」

という、ワクワク感のほうが勝っていたように思う。描きためた絵の個展を開きたいなとか、音楽もソロ活動やライブなどに力を入れてもいいかもしれないとか……。とんねるずとしてだとできなかったけど、やりたいって思っていたことを、いまこそやったらいいかもしれないし、そのチャンスがやっと巡ってきたのかもってね。とんねるずのメンバーであることを、俺は本当に幸せに思っているし、とんねるずにこそ俺の居場所があると思うけど、そこにはやっぱり貴明もいるし、「大人たち」も多いし、陣営のみんなもいる。そこからすこしだけはみ出して別の世界に目を向ければ、新しく俺らしい場所が、ほかにも見つかるかもしれない。いやきっとある。

そうだよ、ニューアルバムをリリースすれば、そのライブもやりたいし、オーケストラと一緒のコンサートもこの先やっていく。若いときとは違った役柄でテレビドラマや映画に出るのもおもしろいだろうし、アーティストとして、アパレルデザインなんかにも挑戦できちゃうかもよ。

それから、許される限りハワイでの時間を大切にしたいんだけど、最近は、韓国にも目覚めちゃった。うまいものがたくさんあるからね。

そう思うとさ、ね、俺が高ぶるのも納得でしょ。

仕事が広がり、やり方が変わってくると、いままで会ったことのない業界の人と知り合うチャンスに恵まれるのも、高ぶる理由のひとつだね。

たとえば地方で展覧会を開けば、市長さんなどがわざわざ会場を訪ねてきてくれて、

「夫婦でとんねるずの大ファンです。ぼくはいまも『ねるとん』のタオルを使ってるんですよ」

なんていってくれる人もいるもんだから、初対面にもかかわらず、一挙に距離が縮まってしまうんだ。

還暦も過ぎたというのに、落ち着きがないと思う人もいるかもしれない。でも、いまになって改めて思うこともあって、それは、テレビにせよラジオにせよ、歌にせよアートにせよ、俺ひとりでは何もできなかったし、これからだって自分ひとりでやることには限界

があるってこと。

これまで、納得のいくものを送り出すことができたのは、俺の陣営や、俺気味の人たちがいてくれたから。逆にいえば、チャレンジをし続ける限り、新たな陣営が生まれ、新しい俺気味の人と出会うチャンスがあるということなんじゃないかな。

場合によっては、以前からの陣営と、新しい陣営が合流することで、より大きなプロジェクトになるかもしれない。

そんなことを考えているから、いまも毎日ワクワクしながら生きていられるんだと思う。

壁とか失敗とか

世代交代による「壁」を、とんねるずは、どう乗り越えるのかっていう人もいた。

だけど俺は、それを壁とは感じないんだよね。

人生にはもともと壁なんてものはなくて、困難を「壁だ」と感じた瞬間に、壁ってできちゃうものじゃないかなって思ってる。

「失敗と思わなければ人生に失敗なんてない」って、すでに書いたけど、もう1回書いちゃうよ。というか、失敗してもいいじゃんって思っているんだな、たぶん。

どうせやるなら成功したいって、誰もが思うんだろうけど、成功するかどうかなんて、まずやってみないとわからないでしょ。で、やったところで「正しい答え」は出ないかもしれない。というのも、富か名誉か愛情か——というように、何を得ることが成功なのか、そして、何を失うことが失敗なのか、それもまた考え方次第だから。

そういう意味で、俺は失敗したことがないっていってるだけ。もちろん反省はする。すごくする。ああやっておけばもっとおもしろかったかもしれないって。でもまあ、みんな笑ってたからいいかって開き直って、次にこそ、その反省を生かすことにしている。そう考えると、失敗ってなくない？　どんな経験も次の何かにつながるかもって俺は思ってる。好きなことならきっとつながるよ。

まあこんな俺だから、番組の終了についても、みなさんが思うほど深刻にとらえていなくって、ひとつの通過点だと思っているのよ。もちろん、応援してくれたみなさんやフジテレビのみなさん、陣営のみなさんのおかげで、長いこと楽しく番組を作らせてもらったことには感謝しているし、バラバラになったのは寂しい。でもその経験を生かしつつ、とにかく、いまはやりたいことをやろうと思っている。

いっぱいあるんだよね、やりたいこと。

とんねるずとしてやってきたこれまでは、とにかく忙しかったし、周りが用意してくれた舞台にのっかりつつ、現場で自由にやらせてもらうってスタンスだったけど、いまは舞台を用意するところから、なんでも自分でやらないといけない。というか、

「あ、自分で全部できるんだ」

って喜びが勝っちゃう。とはいえ、なんでもかんでも全部自分ひとりではできないから、もちろん、陣営のみなさんの力を借りながら前に進んでいくわけだけど、そういった、新しい仕事の進め方も楽しくて仕方がないんだよね。


何をしても全部楽しむ。いまはそんな感じかな。

当たり前だけど、朝起きたときから、一日が始まる。そこからもう「楽しい」が始まるんだ。天気がよければうれしいけど、雨も、まっ、いいかもねって感じ。

俺にとっては、そこから夜寝るまでが遠足のようなものだから、何が起きてもＯＫだし、アドリブもガンガン盛り込む。そのつど、頭の中の〝図面〟は描き直さなければならない

んだけど、それもまた楽しいんだ。

だから、一旦撤収？　バラシ？　キャンセル？　ぜんぜんOKよ。

そうなったら、また頭の中で図面を引き直して、セットを組む。それだけのこと。「困ったな」とか「残念」なんて思う間もなく、もう次に向かっている。もう次を楽しんでいる。それが俺のやり方。みんなもそんなふうに毎日、図面を描いてさ、楽しんでみてよ。ガハハ……。でも図面は図面。急にもっといい図面が現われることがある。よし、そっちに行こうってまた動けばいい——。

第二章 祖師谷

木梨家と武藤家

父と母と「木梨サイクル」

還暦を迎え、人生を振り返るとなったとき、俺の原点はどこにあるのかと考えたら、それはやはり両親ということになる。

俺なりに自分の性格を分析してみると、好奇心旺盛で細かいことはあまり気にしないけど、一度興味をもったことにはとことんのめり込むタイプ、という感じなんじゃないかな。

誰とでもすぐに打ち解けるところはおふくろに、ひとつのものに打ち込むところは職人気質《かたぎ》の親父譲りだと思ってる。

俺は１９６２（昭和37）年、東京都世田谷区祖師谷で生まれた。最寄り駅の祖師ヶ谷大蔵は、新宿から小田急線で18分ほどのところにあり、父・木梨作三《きなしさくぞう》は、祖師谷商店街の外れで小さな自転車店を営んでいた。

作三の父親、つまり俺の祖父は、静岡県伊東市の漁師だったから、親父も元は漁師だったって聞いている。でも、何番目かの兄（俺にとっては伯父）が東京にある自転車店に修業に入って、後に東京・品川で独立。親父は、その兄を頼って上京して、同じく自転車修理の修業に励んだみたい。

その後、親父も独立して、祖師谷に自転車店「木梨サイクル」を開いた。そして、1961（昭和36）年、29歳で結婚。翌年に俺が生まれたってわけだ。

さらにその3年後には妹の左知子が誕生。木梨家は、決して裕福ってわけじゃなかったけど、まあまあ幸せに暮らしていた。

プロローグにも書いたけど、自宅は店舗付き一戸建ての借家。一戸建てとはいえ、1階と2階には別の家族が住んでいて、1階の木梨家の居住スペースは、店舗と6畳のみ。2階には、たしか四畳半の和室が3部屋あって、そのうちの2部屋を武藤さん一家が、もう一部屋を高齢の女性が使っていた。奥にある風呂場は共同で、いまでいうシェアハウスに近いスタイルかもね。

昭和30～40年代にかけて、東京には下町を中心に、こんな住居がたくさんあったから、正直、俺には貧しいという自覚はまったくといっていいほどなかったように思う。

俺たちが育ったのは、ちょうど高度経済成長期と呼ばれる時代だった。

日本が貧しさのどん底にあった終戦直後から、俺の祖父や父の世代が必死に働いて、日本経済が徐々に明るくなっていった頃だ。地方から東京にたくさんの人が出てきて、急激に都市化が進んだ時代ではあったけど、俺の近所や同級生を見渡してみると、みんなそこそこに貧しくて、狭い借家に住んで、隣近所の義理人情で助け合って暮らしていた。それでも一様に、「いずれはなんとかなる」と思っていたんじゃないかな。みんな、上を向いて生きていた。世の中に、前向きな雰囲気が充満していたのを、幼いながらも感じていたように思う。

祖師谷の商店街は、いまでこそ整備されているけど、俺が幼い頃は狭い道をバスがぶつかりそうになりながら行き交い、夕方になると歩行者と自転車に乗った人たちでごった返していた。

そんな中、親父は毎日、自転車の整備をしたりパンクを直したり、黙々と働いていた。職人気質で勤勉、そして寡黙なタイプ。俺は、親父が店を休んでのんびりしている姿を見たことがなかった。

食卓でも黙っていた親父の言葉で思い出せるのは、キックボクサー・沢村《さわむら》忠《ただし》選手の試合をテレビで見ているときによくいっていた、こんな言葉だ。

「沢村、たばけてるね。ぜんぜんきいていないのに」

「たばける」とは、「とぼけている」という意味。

　昭和40年代、沢村選手は大人気のキックボクサーだった。真空飛びひざ蹴りや飛び前蹴りを武器にＫＯを重ね、１９７３（昭和48）年には、プロ野球界の大スター・王貞治選手（読売ジャイアンツ）を抑えて、日本プロスポーツ大賞を獲得した。

『週刊少年チャンピオン』（秋田書店）や『週刊少年マガジン』（講談社）といった、少年雑誌の表紙を飾ったこともあったし、「キックの鬼」という異名をもち、その活躍ぶりは、梶原一騎《かじわらいっき》原作の漫画『キックの鬼』（少年画報社）の題材となって、アニメ化までされた。

　少年たちの憧れのスポーツといえばダントツで野球だった時代に、少年誌の表紙にまで取り上げられたことからも、沢村選手の人気の高さがうかがえるよね。

　その沢村選手が、たばけてるとは、一体どういうことだろう？　当時、俺も考えた。キックボクシングを見るのが大好きな親父だが、沢村選手の真空飛びひざ蹴りなどは、本気の技ではなくお芝居なんじゃないか。そこがとぼけている、歯がゆく思う。相手にはなんのダメージも与えていないだろうに、ということのようだ。

さんざんやられたはずなのに、結果的には逆転勝ちするような、わざとらしい行為は、まじめ一徹の親父には許せなかったんだろうね。いま思えば、エンターテインメントなんだから、仕方のないことなんだけど……。でも、まぁ、すべてがそういうやらせ的なものであったわけではなくて、親父たちが大興奮するようなガチの戦いと、ショー的な戦いの2パターンがあったということだろうね。

しかし、息子の記憶に残る言葉がこれって……。まあ、それほどに無口で正直者で、不正や不義理、嘘《うそ》が嫌いな人だったということだ。

そんな親父だから、おふくろはもちろん、子どもたちにも手を上げたことはなかった。だけど、俺が高校2年生のときに一度だけ、

(殴られても仕方がない)

と覚悟したときがあった。興味本位の喫煙で、サッカー部を退部させられそうになったことがあってね。いや、このときはマジで焦った。そのときも親父は、

「ダメでもいいから、とにかくもう1回、監督に謝りに行け」

と語気は強めたものの、俺を殴ったりはしなかった。ただ、普段寡黙なだけに、きつくいわれるだけでも、狭い家の中に緊張が走ったものだ。

内なる情熱を秘めた昭和の男という表現は、ちょっとカッコよすぎるかもしれないけど、いまも親父は寡黙なまま。90歳を超えても、元気に暮らしている。

「金出せよ！」「やめてくれよぉ～」

一方でおふくろ・さと子は親父と正反対の性格だった。親父と同じく静岡県伊東市の出身で、結婚前まで地元の旅館で仲居をしていたという。とにかく明るく気さくな人だった。顔を見るだけで元気がもらえて、ときどきは愚痴なんかも聞いてくれる商店街の親切なおばさん――それが、おふくろだった。

「おじちゃん、おばちゃん、うちに寄ってお茶を飲んでいきなよ」

俺はいつもこんなふうに木梨サイクルの前を通る人たちに声をかけていたという。

「今日はね、おいしいお菓子もあるんだよ」

こうした俺のひと言に、おふくろが焦ることもあったとか。

「ダメだよぉ〜。お菓子は1つしかないじゃないの」

そんなおふくろの声が聞こえたのだろう。

「いいよ、ノリちゃん、ありがとう。また今度お邪魔するね」

と立ち去ろうとするご近所さんに対し、それじゃあ、俺の気がすまなかったんだろうね。

「大丈夫だよ、僕のをあげるから」

と、食べかけのお菓子まで差し出していたという。ご近所さんにとってはありがた迷惑だったことだろう。


こんなこともあった。親父が体調をくずして店を休んだときのこと。パンクを直してほしいと来店したお客さんに、おふくろはこういって断った。

「ごめんね。今日はお休みなのよ」

すると俺は、おふくろの横をちょろりとすり抜けて店に出ると、お客さんにこういったそうだ。

「ハイ、やりますよ」

「ムリよ。だってお父さん、今日は具合が悪いんだから」

そんなおふくろの言葉を遮るように、

「困っているんだから、やってあげなよ」

と、今度は寝込む親父に訴えたという。そのせいで親父は起き上がってパンクを修理するはめになったと聞いている。

俺は幼い頃から、とにかく人に喜んでもらいたいというタチだったらしい。

おふくろに買ってもらった菓子パンをベーカリーの前で食べていたときのことだった。俺の隣で同じパンを食べていた子が、うっかり地面に落としてしまった。その子はもうひとつ買おうとしたんだけど、すでに売り切れ。そこで俺は、妹の左知子のためにと買っておいたパンを、

「これ、あげるよ」

といって差し出したそうだ。おふくろは、

「それは左知子に持って帰る分だから、ダメだよ」

といって止めたけど、俺は聞かなかったそうだ。間もなくして新しいパンが焼き上がり、左知子にはそれを買って持ち帰ったのだが、おふくろは、

「こんなことじゃ、憲武はお金なんか残せないね」

とため息をついたという。

ちなみに、こんなにやさしい少年のエピソードを、俺はまったく覚えていなくて、かつてうちの2階に住んでいた武藤さんに聞いてわかったこと。読んでくれたみなさんにいい人だと思われたいから書いておいた。なんちゃってね、ガハハ・・・・。

おふくろの人柄のおかげもあり、商店街の店主やお客さん、ご近所さんが立ち寄っておしゃべりをしたり、お茶を飲んだりする場所になっていた木梨サイクル。俺のいまの社交性と行動力は、そんなおふくろのDNAなのだろう。

子どもの頃から、いつもキョロキョロとあたりを見回しては、楽しそうなことはないか探して、何かあれば親の制止も聞かずに、すっ飛んでいったらしい。

消防車のサイレンが聞こえてきたと思ったら、すでにそこに俺の姿はない、ということもよくあったそうだ。

（また消防車を追いかけて、火事の現場に行ったに違いない）
とおふくろ。しばらくして、息せき切って戻ってきた俺は、火事や消火活動の様子を興奮しながら事細かに家族に報告していた。

「危ないから、そういうところに行ってはダメって、いつもいってるよね」
というおふくろの言葉など耳に入ってこなかったに決まっている。そんなことより、次はどんなことが起こるのかが気になってたまらない。常に周囲を注意深く観察し、耳をそば立てているような子どもだった、らしい。これもまた、俺は覚えていないので、武藤さんに聞いた話なのだが……。

すばしっこく危なっかしいところもあった俺だったが、いつもは親切でかわいいノリちゃんを、おふくろはかなり頼りない存在と見て、心配していたようだ。

「憲武ったら、おままごとなんかして。なんか頼りないのよ。このままで大丈夫かしら」
と、2階に住む武藤のおばちゃんによくグチっていたんだって。いや、おままごとに関しては、俺が武藤さんの家の2歳年上のお姉さん・貴《たか》ちゃんが大好きで、彼女と一緒に遊びたかったからやっていたんだけどな。心配するおふくろに対して、いつも武藤のおばち

ゃんは、

「ノリちゃんはやさしい子なのよ」

とフォローしてくれたんだとか。ありがとう、武藤のおばちゃん！

そんなやさしかったノリちゃんも、高校を卒業して芸能界に入ってからは、おふくろとこんなやりとりをするのが〝お約束〟になっていった。

ずっと実家暮らしでお金の管理に自信のなかった俺は、金のことはすべておふくろに任せていた。だから、現金が必要になったときには、おふくろにいって必要な分だけをもらうようにしていた。おふくろは、慣れないながらも税理士さんと相談しながら、面倒な経理作業をやってくれていた。

そんなおふくろからお金をもらうときは必ず〝小芝居〟をするのが俺とおふくろの当たり前になっていた。

たとえば、放蕩《ほうとう》息子ふうの俺が脅すような口調で、

「おい、ばばあ、５万円よこせ」

と怒鳴る。すると、ノリのいいおふくろも、あり金を全部むしり取られる哀れな母親役

を演じてくれて、

「昨日も持っていっただろう。もうないよぉ。3万円にしときなよ」

　なんていうから、

「うるさい、ばばあ、早く出せ」

などと返す。おふくろが封筒にお金を入れてよこせば、それを引ったくるように受け取るし、もし、

「やめてくれよぉ～」

　と出し渋ったら、

「どこにあるんだ」

　と、タンスの引き出しを荒らしたりする。たまに実家に帰ってはこんなふうにおふくろとのお約束を大笑いしながら楽しんでいた。もう、阿吽《あうん》の呼吸でお互い何も示し合わさずに、そういうやりとりを始めちゃうわけ。それがわかっているから、親父も黙って聞いてくれていた。

　なるさんは、木梨家のこういったお約束を知らないから、初めてそのやりとりを見たと

きはずいぶん驚いて、

「私、憲武さんから『金出せ』なんていわれるのはイヤよ」

と怖がっていたものだ。

「大丈夫、そんなことしないよ」

なんてなだめて納得してもらったが、また別の日にふたりで実家を訪ねたときには、違うバージョンでふざける。

「ばばあ、このテレビ、いつ買ったんだよ。俺の金、使っただろ」

という俺に、

「いいだろ、あたしだって、事務仕事をがんばっているんだからさぁ」

とおふくろ。実家に行くたびにこうした小芝居を大笑いしながら繰り返すから、そのうちになるさんも、親父の横で笑ってやり過ごすようになった。そんななるさんを見て俺は逆に、

（木梨家に慣れてきたみたい？）

って思ってうれしくなったっけ。

あいさつしろ、迷惑かけるな、調子にのるな

職人気質《かたぎ》の親父、社交的なおふくろの影響を受けて育った俺だが、両親は取り立てて「ああしろ、こうしろ」とはいわない人たちだった。

ただ、静岡のおばあちゃんは、会うたびに、

「あいさつだけはきちんとしなさい」

という人だった。おかげで俺はとにかく〝あいさつ好き〟に育った。親しい人はもちろん、会ってみたかった芸能人や好きな人がいると、すっ飛んでいってあいさつする。若い頃はもちろん、いまだにそう。還暦も過ぎたのだから、自分の楽屋で堂々としていろといわれるかもしれないけど、そのほうが落ち着かないみたい。

おばあちゃんの言葉をもうすこし詳しく書くと、こんな感じかな。

「いいかい、憲武。あいさつはきちんとするんだよ。それと、いろいろな人に面倒見てもらっているんだから、人様に迷惑をかけちゃいけない。お前は調子にのりやすいから本当に心配だよ」

これは俺が幼い頃はもちろん、高校卒業後に芸能界に入り、成人しても、ず〜っといわれ続けた。いや、むしろ、芸能界に入ってからのほうが、よくそんなふうにいわれていたように思う。

親父の血筋をたどっても、おふくろの系譜を見ても、芸能関係で仕事をしているのは俺ひとりきりだから、特に心配だったんだろうね。

「とにかく、肝心なのはあいさつだ。いろんな人にあいさつをして顔を覚えてもらって、がんばっていれば、お前のことを気にかけて、雇ってくれる人がきっといるからね」

いつしかこれがおばあちゃんの口癖になった。あまりにもお決まりのセリフになってきたから、俺から先手を打っちゃうこともあったね。

「わかってるよ、おばあちゃん、あいさつしろ、迷惑かけるな、調子にのるな、だろ」

そんなふうに、自分でもいうようになったせいか、あいさつは俺にとって当たり前になった。

俺は楽屋にひとりでいると、たまらなくつまらなくて、すぐにでも部屋を出たい気分になる。すると、それを察したかのように、声をかけてくれるスタッフがいる。

「ノリさん、上の楽屋に志村さんがいるよ。その先の部屋には、ビートたけしさんも」

「志村さんに、たけしさんだって？」

ビッグネームをあげられて気持ちが高揚し、それまでの退屈が吹っ飛ぶ。さっそく、ごあいさつに行かなくてはと楽屋を飛び出す。


「おはようございます。木梨です」

と声をかけると、志村さんなんかは、

「おう、お茶飲んでいきなよ」

と、よくいってくれたものだ。本番前の貴重な時間にお邪魔はできないから、

「いえいえ、ごあいさつだけ。こっちも下で（収録を）やっていますので、よろしくお願いします」

と、本当に短いあいさつだけして退散。だけど、あいさつしている間も室内をキョロキョロ見回して、

「おっ、奥に加藤さんがいるね。仲本さんも。憧れの『ザ・ドリフターズ』の楽屋だ。ス

「ゲェ～」

と密《ひそ》かに満足して、ニヤニヤすることも多かった。

おばあちゃんは93歳で他界。おふくろも84歳でこの世を去った。ふたりが生きている間は、直接感謝の言葉がいえなかったけど、おばあちゃんの言葉は本当にありがたかった。あいさつによって大勢の人とのご縁ができたし、それがあったから芸能界でやってこられた部分もあったかもしれない。

――おばあちゃん、おふくろ。人に迷惑をかけているかどうか、自分ではわからないこともあるけど、まあまあ守ることができていると思うし、偉ぶったり調子にのったりしないようにはしているつもり。そしてあいさつは、どこでも実践できることだから、続けているよ。いまでも約束、ちゃんと守っているよ。

毎日、神棚に手を合わせる際、俺はおばあちゃんとおふくろにこんなふうに語りかけている。

武藤さん一家

「木梨サイクル」では、日々の仕事を両親ふたりだけでこなしていたから、年がら年中忙しく、俺たち子どもの世話は行き届かないことも多かったと思う。それをサポートしてくれていたのが、2階に住んでいた武藤さん一家だ。

武藤のおばちゃんは、美人でやさしくて、

「ノリちゃん、ノリちゃん」

といって、よく俺の世話をやいてくれた。おじちゃんもまた、お風呂に入れてくれたり、おんぶをしてくれたりして、とてもかわいがってくれたのをよく覚えている。

何より武藤さんの家には、2歳年上の貴ちゃんがいて、俺にとっては大好きな姉のような存在だった。いつもそばにいたくて後をついて回った。

貴ちゃんと俺とは誕生日も同じ3月9日。貴ちゃんのやることすべてが興味深くて、幼い頃はなんでも一緒じゃなければ嫌だった。

貴ちゃんが幼稚園のクラスの遠足で横浜ドリームランド（２００２【平成14】年閉園）に行くと聞けば、小さなリュックにおやつと愛用のタオルを詰め、「一緒に行く」といってごねたそうだ。

仕方なく武藤のおばちゃんは、俺を〝貴ちゃんの弟〟ということにして、連れていくことにしたという。ところが現地に着くと今度は、貴ちゃんと一緒の集合写真に入るといって聞かない。

「ノリちゃんの写真は、後でおばちゃんが撮ってあげるから、待っていてね」

こういいながら、貴ちゃんと一緒の写真に入り込もうとする俺を必死で止めたそうだ。

当時の写真を見ると、俺と貴ちゃんが一緒に写っている写真ばかりだ。

そんな武藤さん一家が、横浜に引っ越していったのは、俺が小学校に上がる頃。とはいえ、その後も武藤さん一家との交流は続き、夏休みや冬休みのたびに、貴ちゃんが遊びに来たり、こちらから泊まりに行ったりするのが、とても楽しみだった。いまも木梨家の冠婚葬祭には来てもらっているし、こうやって本を書く、といえば、俺が覚えていないことまで教えてくれる。血はつながっていないけど、親戚みたいな、大切な人たちなんだ。

「大阪万博」道中のワンマンショー

そんな武藤さん一家との思い出で、特によく覚えているのが、１９７０（昭和45）年に、大阪府吹田市で開催された日本万国博覧会、通称・大阪万博に車で連れていってもらったことだ。

大阪万博といえば、「人類の進歩と調和」をテーマに、世界約80か国が参加した世界的イベント。子どもながらに、岡本太郎作の『太陽の塔』の奇抜さは記憶に残ったね。

当時8歳だった俺は、武藤のおじちゃんが運転する車で、大阪へと向かった。車に乗っていたのは、武藤のおばちゃんとおふくろ、貴ちゃん、俺、妹の左知子。親父は仕事で留守番だった。

久しぶりのドライブに俺は高ぶり、いつも物静かな武藤のおじちゃんも、なんとなくウキウキしているように見えたっけ。

大阪までのドライブは、なんと8時間以上もかかったから、楽しみにしていた万博行きとはいえ、俺たちはすこし退屈してきた。何か盛り上がる余興はないかという話になったとき、左知子がこう切り出した。

「おにいちゃん、モノマネができるよ」

俺は当時、テレビの前でよく、スターのモノマネや野球の実況放送のモノマネをしていたのだが、左知子だけがそれを見ていたのだ。

「ホント？　ノリちゃん、やってみて」

と貴ちゃん。そういわれたらやるしかないよね。そしてここで、初の木梨憲武ワンマンショーの始まり～となるわけなんだ。

この頃の俺は、ドラマ『柔道一直線』（ＴＢＳ系）で主演を務めていた俳優・桜木健一さんの大ファンで、

「将来は桜木健一になりたい」

とまでいっていた。マネするスターは、当然、桜木さん。大声でドラマの主題歌まで歌って、車内は拍手喝采の嵐。ほかにも、野球の実況放送を披露すると、武藤のおじちゃんがしきりに感心してくれて、

「まるで本物の実況放送を聞いているようだね。ヒットやホームランの映像が目の前に浮

かぶよ」

と絶賛してくれた。いくらなんでもそれはほめすぎだと思うけど、それで俺が味をしめたのはいうまでもない。

「ノリちゃんは将来、アナウンサーになるのかな」

と武藤のおばちゃんに聞かれた俺は、

「テレビに出たいんだ」

と答えたという。

一度火がついた俺の「モノマネ魂」はなかなかおさまらず、その後、1時間はぶっ通しでしゃべり続けて、脱水症状を起こしたんだって。そんな俺を見たおふくろは、

「憲武にこんな面があるとは知らなかった」

とつぶやいていたそうだ。初の木梨憲武ワンマンショーで、いちばん衝撃を受けたのは、どうやらおふくろだったみたい。

左知子のおかげで、俺は意外にもモノマネデビューを果たすことになった……そうだ。

このときのことはなんとなく覚えているんだけど、残念なことに記憶が薄い……。この

エピソードも武藤さんの記憶に助けられた、という感じかな。

テレビ・コメディアンが「師匠」だった

「将来はテレビに出るんだ」

これは幼い頃の俺がいつもいっていたことだが、大阪万博の道中でのワンマンショーのおかげで、その決意を新たにしたんだろうな、きっと。

俺が小学生だった１９７０年代、それまで白黒だったテレビをカラーテレビに買い替える家庭が急増した。１９７２（昭和47）年に札幌で冬季オリンピックが開催されるわけだが、それをカラーテレビで楽しみたいという家庭が多かったからだ。

カラーテレビの普及で、家族でテレビを見る機会が増えた。俺は、両親が働いていて部屋にいない平日の夕方は、ほとんどテレビにかじりついていた。

好きな番組は、『8時だョ!全員集合』（ＴＢＳ系）、『大正テレビ寄席《よせ》』（当時はＮＥＴ、現・テレビ朝日系）、『シャボン玉ホリデー』『巨泉・前武ゲバゲバ90分！』『おれは男だ！』『傷だらけの天使』（いずれも日本テレビ系）など。

桜木健一さんや森田健作さんのような硬派でカッコいい俳優はもちろん、コントの世界では、「ハナ肇《はじめ》とクレージーキャッツ」をはじめ、ザ・ドリフターズ、「ドンキーカルテット」「コント55号」など、好きなコメディアンがどんどん増えていった。

バラエティー番組で、特に印象的だったのが、『シャボン玉ホリデー』。「ザ・ピーナッツ」の歌とクレージーキャッツの演奏、加えてコントが楽しめる、総合エンターテインメントショーで、おもしろさをギュッと詰めた玉手箱のようだった。

植木等さんの「お呼びでない？　こりゃまた失礼いたしました！」、谷啓さんの「ガチョーン」といったフレーズをマネて、翌日の学校で披露すれば、たちまち人気者になれたっけ。

「テレビに出る」

といっても、俳優か歌手か、それともコメディアンか、どんな形で出たいかというイメージまでは固まっていなかったけど、〝おもしろいことならなんでもやりたい〟という気持ちは、こういったテレビ番組の影響で育まれた気がする。

お笑いの世界に入っても、俺たちには「師匠」はいなかった。でもいま思えば、少年時代に見ていたテレビのコメディアンたちが師匠だったといえるよね。

〝三つ子の魂百まで〟なんてよくいうけれど、俺は一度好きになったものはずっと好きで、幼少時代に夢中になったものは、大人になっても好きなまま。特に小学校低学年の頃の楽しかった日々が記憶に強く残っていて、俺は自分を「永遠の小学3年生」だと思っているほどだ、って話はもうさんざんしたよね。

それで、その好きが高じて、いまは仕事にさせてもらっているわけだから、好きでい続けるって、結構大切なことかもしれない。

好きなことを仕事にできたら——最高に決まっているよね！

親父と

第三章

部室

帝京高校サッカー部時代

サッカーと「かき回しの木梨」

テレビともうひとつ、子どもの頃に夢中になったものがあった。それがサッカーだ。俺にとってサッカーに没頭した日々は、人生を語るうえで絶対に外せない。何しろ人生の前半戦において、サッカーには〝命をかけた〟のだから。こういったら、ちょっと大げさかなぁ、いや大げさじゃないよね・・・。とにかく、ものすごく熱中したスポーツだった。

自分でいうのもなんだけど、まあまあ運動神経のよかった俺は、地元の塚戸小学校に上がると、近所の友達に交じって草野球を楽しむようになった。

その頃、プロ野球12球団の中で、ダントツ人気だったのが「東京読売巨人軍（読売ジャイアンツ）」で、その巨人軍の中でも、圧倒的スターだったのが、王貞治選手と長嶋茂雄選手だった。ふたりは巨人優勝の原動力だから「ＯＮ砲」なんて呼ばれて、人気・実力ともに特別な存在だった。

友達と野球の話をするとき、「巨人ファン」というと必ず、

「長嶋と王、どっちが好き？」

なんて話題になったものだ。もちろん俺だって王選手も長嶋選手も大好きだった。でも実は、もっと好きだった選手がいた。それが、同じく巨人軍で外野手や三塁手として活躍していた高田繁《しげる》選手。高田選手ってさ、「ON砲」のような派手さこそないんだけど、職人的な渋さがあったんだよね。

そこで俺は親に頼んで、高田選手と同じ青色のグローブを買ってもらって、彼が得意としていたジャンピングキャッチを猛練習。草野球の試合があれば、〝フェンス際の魔術師〟と呼ばれた高田選手になり切っちゃって、ひとりで盛り上がることもあった。

（木梨選手、レフトを守ってジャンプ！　おっ、取った！　まさに塀際の魔術師だぁ！）

なんてね。

ところが、当時の俺はやせていて身長もそれほど高くなかったから、ボールを打ってもあまり飛ばない。野球ではどうしても体の大きいヤツに勝てないから、それが悔しくて、次第にハマれなくなっていったんだ。

この頃は野球だけでなく、バスケットボールやバレーボールなど、いろいろなスポーツを同級生と楽しんでいた。サッカーもそのうちのひとつで、友達がやっていたから、サッカーもおもしろそうだなぁ、なんて自然と始めるようになった。

そのサッカーにドハマりするきっかけになったのは、小学5年生の終わり頃かな。同級生の遠藤くんが、「少年東京サッカースクール」に誘ってくれたから。それは野球でいえば、リトルリーグのチームみたいなもので、遠藤くんはそこのメンバーだった。

日曜日の朝、遠藤くんについて練習場になっていた明治大学のグラウンドに見学に行くと、そこでは俺と同じくらいの少年たちが、なんともカッコよくプレーしていた。

（何これ、なんなの、俺らが校庭で遊び半分にやっているサッカーとは、ぜんぜんレベルが違うじゃないか）

と、ずいぶん驚いたものだ。

それがきっかけでサッカーに興味をもった俺はさっそく、入会させてほしいと両親に頼んだ。親父やおふくろは、俺がやりたいといったことに反対することはなくて、自由にやらせてくれていたから、俺はすぐにこのチームに入れた。

チームは実力によって1〜13軍まで分かれていて、俺はなんとか早く上のクラスに上がりたかった。だから、登下校の際も放課後も、おふくろにお使いを頼まれたときも、いつもボールを蹴っていた。ちっこい俺がまるで猫みたいに毎日ボールを追う姿は、商店街の名物になっていたんじゃないかな。

　練習すればするほど俺はサッカーが好きになった。サッカーは常に瞬間的な判断とスピードが求められて、やせていても、それがハンデにはならないように思えた。それに、ボールがひとつあれば、ひとりでもリフティングをして楽しめるし、壁があればもっと最高。なんせ壁は、正確に返してくれる練習相手になるからね。ひとりワンツーを練習する日々。サッカーは仲間とやるのはもちろん、ひとりでも楽しめるスポーツなんだ。

　こうした練習の甲斐《かい》もあって、俺はほどなくして２軍に上がり、フォワードのポジションをもらえた。試合中もすばしっこくかけ回るから、「かき回しの木梨」なんて呼ばれたこともあったけど、とにかく試合でユニフォームが着られることに、この頃から晴れがましさを感じていた。１軍のもう１つ上には特別クラスというのがあって、このメンバーだけに用意された特別のユニフォームも着てみたかったけど、低学年からサッカーをやっている連中にはやはりかなわなかった。いま思い返しても、カッコよかったなあ。

ちなみに、このチームの別の軍には、脚本家の三谷幸喜さんがいたことを、俺は大人になってから知った。

決定的にサッカーに魅せられたのは、千歳中学校に進学する直前、１９７４（昭和49）年に西ドイツ（当時）で開催されたＦＩＦＡワールドカップの試合をテレビで見たとき。オランダのヨハン・クライフ選手や、西ドイツのゲルト・ミュラー選手などの見事なプレーに、もう興奮しまくり。ただでさえ思い込みの激しい俺の脳裏には、ワールドカップでプレーする未来の自分の姿までよぎったね。もう、ここまでくると誰にも止められないという感じ。

それまでは、テレビに出ることが将来の夢だったけど、世界を舞台に活躍するサッカー選手になる夢もできて、俺の生活はサッカー漬けになっていったんだ。

グラウンド内外の「ポジション」

中学校でも、もちろんサッカー部に入部した。ところが、小学校時代と同じようにはいかないことにすぐに気づく。

そう、中学の部活には、「先輩・後輩」という厳しくて、難しい関係があったんだ。

部活の1つ上の先輩には、スポ根漫画『巨人の星』（梶原一騎原作・川崎のぼる作画／講談社）の主人公・星飛雄馬とその父・一徹を思わせるような親子もいた。先輩はそのお父さんの指示に従って毎日暗くなるまで走り込みをこなし、近くの空き地では、ゴール前を狙ってロングパスを蹴るセンタリングやシュートの練習を続けていた。

この先輩が、後に古河電気工業サッカー部（日本プロサッカーリーグ、Jリーグのジェフユナイテッド市原・千葉の前身となったクラブ）の選手になった宮崎さんだ。当時から、キック力もシュートコースの的確さもずば抜けていて、おまけに体も大きかった。千歳中学校卒業後は、サッカーの名門・都立駒場（東京都立駒場高等学校）に入学したほどだ。

そんな先輩を見ては、

「これだけ練習しないとかなわないのか。ちょっとやそっとじゃ近づけないな」

と、感心したのと同時に、

「俺の親父も先輩のお父さんのように、練習に付き合ってくれたら、もしかして……」

なんてね、正直うらやましく思うこともあった。もちろん親父にはそんなこと、ひと言もいわなかったけどさ……。

それまでは、さほど練習をしなくても、ちょっと運動神経がよかったから、どうにかなってきたんだけど、中学からは的確な指導を受けないと強くなれないと気づき始めた。ひとりでコツコツ練習するには限界があるから、俺だけの指導者がほしかった。

とはいえ、ないものねだりをしても仕方がないよね。先輩父子が特訓をしているそばで、俺もドリブルの練習をさせてもらいつつ、盗める技術はないか観察し、プレースタイルをマネたりした。

部活が終わって家に帰ってからも、壁に向かってひとりでパス練習を繰り返したり、

「もうすこし走っておいたほうがいいかな」

と思ったときには、家の近くを走って自主トレーニングもした、という感じかな。

サッカーが好きだったし楽しかったから、練習はいくらしてもつらいと思わなかった。

そのおかげなのかは、わからないけど、部活では、自分なりの〝ポジション〟を守れてい

たと思う。

ピッチでのポジションはセンターフォワードだった。その役割はなんといっても点をとること。うまくシュートにつながらないときは、ボールをほかの選手に渡して、ポストプレーに回ることも大切だ。でも俺は、自分ひとりで相手をかわして、そのままシュートにつなげたいタイプだったんだよね。よくコーチから、

「いつまでもボール持っていないで早くパスを出せ。なんでひとりで抜こうとするんだ」

って怒られたっけ。あんまり自分ばっかり目立とうとすると、パスを回してもらえなくなるからさ、そのへんのさじ加減も学んだよね。


部活では人間関係も大切だから、選手としてのポジションはもちろん、部内での自分のポジションも決めておくべきだと、この頃から考えるようになった。

それは、幼い頃、「木梨サイクル」に立ち寄る人たちのやりとりを見ていて、自然と学んだことだった。たとえば町内には、いろいろなところに顔を出してまとめ役を任されている人もいれば、交渉事をする人、知識や人脈を頼りにされる人などがいた。おふくろのように、落ち込んだり悩んだりしたときに話を聞いてくれる人の存在も重要だ。

商店街の大人たちとお茶をすすりお菓子を食べながら、俺はいろんなことを教えてもらっていたんだよね。人にはそれぞれ、その人の性格や実力に合ったポジションがあるんだってことも、そのときに自然と学んだんじゃないかな。

じゃあ、部内における俺の役割ってなんだろう——。そこで導き出した答えは、できるだけ先輩との摩擦を避けて、みんなが気分よくサッカーができる環境を作るということだった。そのためにどうしたかというとね……。

たとえばこんなことがあった。俺たちの学年は1つ上の学年よりも実力派ぞろいだったから、学年対抗で練習試合をすると、俺たちの学年が勝っちゃうんだ。でもそれだと先輩としてのプライドが保てないよね。だから俺たちが最終的に勝つにしても、

「絶対に大差で勝ってはダメだ。先輩たちににらまれたらまずいからね。1点差ぐらいでかろうじて勝つぐらいにしておいたほうが無難だよ」

なんて、同級生たちと事前に話して、試合運びなんかを決めたんだ。悪知恵を働かせたってわけ。でも大切でしょ、そういうのって。

団体競技ではチームワークがモノをいうから、ときにはこうした配慮も重要だと思うんだよ

ね。自分だけが勝っていい気分になるんじゃなくて、チーム全体の雰囲気をよくして、みんなで楽しむ。俺は、当時からそれが大切だと思っていた。だから、キャプテンというより、場の雰囲気を盛り上げる補佐役が自分のポジションだと見極めて、部内ではそうした行動を自然に心掛けていたのかも。

もしかすると芸能界に入っても、そのポジションは変わらなかったかもしれない。


中学2年生になると、なんと俺は念願のレギュラー入りを果たせた。相変わらずやせてはいたけど、身長はグンと伸びて、中3になる頃には１７０㎝を超えていた。

順調なサッカー生活――そんな中、またも俺を高ぶらせる出来事が起こる。

それが、全国高等学校サッカー選手権大会のテレビ中継。

最高にカッコいい高校生たちが、テレビの中で大活躍していた。その強さから、ひときわ輝いていたのが帝京高校サッカー部のイレブンだった。

俺はこのとき、例の〝根拠のない自信〟のもと、人生最大の勘違いをしてしまう。

「俺の進むべき高校は、帝京以外にはない」

中学の部活仲間のうちのひとり、中田くんは都立駒場へ、もうひとりの藤田くんは久我山（國學院大學久我山高等学校）への進学を決めた。どちらもサッカーが強い学校だ。そして俺は帝京‼　サッカー強豪校への進学を決めた俺たち。よし、今度はライバルとして戦おうじゃないかって、高ぶったね。

帝京に行けば、俺のサッカー人生は花開くに違いない、そう確信した。いまから思えば、勘違いのスタートだけど、仕方ないじゃないか、だってサッカーナンバーワン高校の帝京だよ。おもしろくないわけがない。おもしろいに決まってる！

日本中のエースが集まっていた

「帝京高校に進んでサッカーを続けたい」

またしても親父とおふくろは、俺の申し出をすんなり受け入れてくれた。当時の木梨家の経済状態は決して良好とはいえなかったと思う。それなのに学費の高い私立高校への進学を認めてくれた。いつもいつも俺の好きなようにやらせてくれる、その寛大さに改めて感謝した。

そして、１９７７（昭和52）年4月、晴れて帝京高校に入学した俺は、すぐにサッカー部に入部した。ところが、すぐに自分の甘さに気づいて愕然《がくぜん》とする。

この年の新入部員は１３０人超。しかも、中学時代から強豪校のレギュラーとして全国大会で活躍していた人も少なくなかった。

名門とは聞いていたが、まさかこれほどとはね――。

勘違いって恐ろしい。中学時代、部活内でちょっと活躍していただけの〝井の中の蛙《かわず》〟だった俺は、あまりにも違うレベルにビビる…。と、まあ、普通はそういう感覚になるよね。日本中のエースが集まっているんだから。ところが俺はビビったのもつかの間、それ以上に高ぶってしまった。

「周りに一流しかいねえ。こりゃ、スゲエ」

ってさ。

「入部するなら、まず丸刈りにしてこい。5厘刈りだぞ、いいな」

入部希望の新入生には、まずこの条件が突きつけられた。もちろん丸刈りごときで入部を断念する俺ではない。でも、これでかなりの人数が脱落した。なんせ5厘といえば、長さが1・5～2㎜ほどだよ。バリカンを当ててもらって、仕上がった頭を見たらさ、頭皮が青白く透けて見えんの。思春期の高校生男子にとっちゃ、これはたしかに気恥ずかしい。女子には絶対にモテない髪型だもん。

帝京高校は、貴明が所属していた野球部も名門だった。野球部の新入部員にも、俺たちと同じように、〝坊主頭〟にするようにとのお達しが出ていたものだから、決して広いとはいえないグラウンドには、見渡す限り、坊主頭だらけ…。

「オイオイ、ここは〝坊主の学校〟かよ！」

と、ひとり心の中で突っ込んだこともあったっけ。

当たり前だけど、練習はかなりハードだった。大勢の部員をふるい落とす意味もあったから、1年生はしばらくの間ボールに触らせてもらえず、毎日、走り込みに明け暮れた。帝京高校の周りを際限なく走り続けるという練習が夏休みの合宿前まで続いた。新入部員たちは中学時代からサッカーが得意で、自信もあって集まってきた連中だ。

「なんでボールに触らせないで、走らせるだけなんだ」

なんて不満を口にして、退部していく仲間もいた。寂しかったね…。

夏休みに入ると山中湖（山梨県）での合宿が待っていて、ここでもやっぱりロードワークから始まる。山中湖の周りを1周すると約13㎞走ることになるんだけど、部員全員で走り始めて、10位以内に入らないヤツは、もう1周ノルマが課せられる。

長距離が結構得意だった俺は、この程度の走りではへこたれなかったけど、ここでまた問題がひとつ。このときすでに俺は、

（2年生のご機嫌を損ねたら、やりにくいな）

と気づいていて、普段の練習中はもちろん、合宿中にも2年生には気を使っていた。つまり、絶対に10位までには入りたいんだけど、2年生を抜くような速さで走ったら反感を買っちゃう。ここはぎりぎり10位か9位くらいに入るよう調整して走ろう——炎天下を汗だくで走りながら、俺はまた、そんな悪知恵を働かせていたこともあった。いや、意外と大切なのよ、こういうことが。サッカーはまず走れることが基本だから、もっと上位に食い込める自信はあったけど、まっ、そこは控えてね。

俺は持久力があるほうだったのか、きつい練習でも意外に平気だったんだよね。当時はいまみたいに、こまめに水分補給をさせてもらえなかったから、気づいたら道端の泥水を口にしていたなんてこともあったけど、こんなもんだろうと思っていた。その状況がつら

いってことはなかったんだよ、本当に。3年間で一度も辞めたいと思ったことはなかったなあ。そんなことより、高校レベルをはるかに超えるプレーをする先輩たちを見て、

「ヤベェ、カッコいい！　強い‼」

って、テンションが上がったね。自分は、ただグラウンドの周りをグルグル走っていただけだったけど、

（俺もこのすげえメンバーの中にいる）

そう思うと高ぶっちゃってさ、誇らしいし、うれしくて仕方がなかった。

家から帝京高校までは、小田急線や山手線を乗り継いで、片道1時間半ほどかかった。部活で帰宅が深夜になるうえ、1年生は先輩のスパイクやボール、ユニフォームを持ち帰って、磨いたり洗濯したりしなきゃならない。そして翌日には朝練があるから、朝6時には家を出る。自《おの》ずと睡眠時間が削られた。

見かねたおふくろは何度も、

「私が洗ってあげるよ」

といってくれたし、よほどかわいそうに思ったんだろうね、無口な親父でさえ、

「途中まで車で送っていこう」

といってくれたこともあったけど、自分が好きで選んだ道だからね。頑として断った。学費を払ってもらっているだけでもありがたかったから、さらに親に甘えるのは違う気がした。

「課せられたことすらできないなら、強くなれない」

という思いもあったのかもしれない。俺以外の仲間たちだってやっていたしね。

それに憧れの3年生のユニフォームを洗ったり靴を磨いたりすると、名前を覚えてもらえてさ、それが喜びでもあったんだ。


そんなハードな毎日を送っていたのはもちろん俺だけじゃなかったから、部員はどんどん減っていき、1年の夏合宿が終わる頃には4分の1くらいの人数になっていた。辞めていった部員の中には、気の合う仲間も多かったから、俺としては寂しい気持ちで見送ることもあった。

（俺は生き残れたぞ）

とか、

（ライバルが減った）
なんて思いは微塵《みじん》もなくて、仲間が減っていくのが、ただただ寂しかった。苦楽をともにする中で、連帯感や強い仲間意識が育まれていたんだと思う。

前にちょっと書いたけど、ハードな練習をこなすのはもちろん、先輩たちと摩擦なくやっていくのも重要だった。円滑な人間関係の築き方は、中学で培ってきた経験があったからね、うまくやれていたと思うよ。

頼りになる先輩や憧れの先輩には、まずあいさつ。おばあちゃんの教えがここでも生きたよね。顔と名前を覚えてもらって、俺も誠心誠意つくす。そうするとさ、いざというときに助けてもらえるの。

たとえば、サッカー部や野球部には、先輩が後輩たちに行う〝お説教〟という名の〝教えの会〟が恒例行事としてあったんだけど（いまじゃ、ありえないッす）、これがま〜、なかなか面倒でさ、俺としてはできれば、その場には居合わせたくなかったんだよね。

そこでいつもかわいがってくれた、通学路線が一緒の先輩をよく頼った。

「先輩、今日はお説教、あるんですかね」

「そんなの知らないよ」

「え～、お願いですから、わかる人に聞いてみてくださいよ」

「しょうがないなぁ、じゃあ聞いてみるよ」

そこで「ある」となると、その先輩に絶妙なタイミングでこう声をかけてもらう。

「木梨、帰るぞぉ～」

つまり、俺がお説教に出なくてもすむように誘ってもらうというわけ。

同級生からは、妬《ねた》まれたけどね。

「だって仕方ないじゃないか、先輩が帰ろうっていっているんだから。逆らえないだろ」

なんて、トボけるしかないよね。その代わり、俺がこの先輩のスパイクやユニフォームを、とびきりていねいに扱ったことは……いうまでもないよね。

一流を知る

当時の帝京高校サッカー部は本当に強かった。

全国高等学校サッカー選手権大会やインターハイ（全国高等学校総合体育大会サッカー

競技大会）の常連校で、１９７５（昭和50）年1月に行われた全国選手権で初優勝を飾ると、この大会だけでも１９７０年代にあと2回、１９８０年代にも2回の優勝を果たしている。俺が入学したとき、すでに校内には栄光を示すトロフィーや盾がずらりと並べて飾られていた。

　特に俺の世代はヤバかった。何しろ同級生には、あの名取篤《なとりあつし》や川添孝一《かわぞえこういち》、後に競輪選手となる小門洋一《こかどよういち》がいた。３人とも1年生からレギュラーで、日本高校選抜の海外遠征にも参加していた。名取も川添も、卒業後は日本サッカーリーグ1部の三菱重工業サッカー部（現・浦和レッズ）で活躍したし、名取にいたっては、１９８５（昭和60）年に日本代表に選ばれたほどだ。

　そんなスゲエ同級生たちの華麗なプレーを見られるのも楽しかった。悔しいというより、いつも、

（スゲエな、中学時代から活躍していた全国の優秀選手のほとんどがここに集合している。これぞ帝京!!）

　って、見とれていた。

　試合会場へ入る際なんて、俺たち帝京高校のユニフォームを見ただけで、そこに居合わ

せた他校の選手たちは羨望《せんぼう》と「かなわない」という諦《あきら》めの眼差《まなざ》しを向けてくるんだよ。すごいでしょ。試合前から強豪オーラに当てられて、心が折れてしまうんだろうな。その気持ちわかる。俺だって帝京に入っていなかったら、きっと同じようにオーラに当てられてしまっていただろうって思うもん。

そんな強豪の中に自分もいる幸せ、奮い立つような感覚。たとえその日のメンバーに選ばれなくても、強豪としてのプライドを仲間と共有できて、俺は晴れがましい気持ちになったものだ。

一流が勢ぞろいする中で、俺はいつも、ぎりぎりベンチ入りメンバーに選ばれるかどうか、という位置にいた。太ももと尻のでかいヤツは、競り合いで勝てるから有利だったんだけど、俺は１７５㎝、65㎏と体が細くて体形的には不利だった。それでも、活躍のチャンスがなかったわけじゃないのよ。

最初にチャンスが訪れたのは、1年生のときで、練習試合だったけど、名将・古沼貞雄《こぬまさだお》監督に指名されて後半に出場した。

ポジションは、中学時代と同じ、センターフォワード。この試合での俺は勢いがあって、動きもシャープだった、はずだ。なんせゴールを決めたんだから。デビュー戦としては上出来だったし、監督もほめてくれた。

古沼監督といえば、いまや高校サッカー界でその名を知らない者はいないほどのレジェンド。帝京高校をサッカーの名門校に育て上げた人として、俺たちが入学したときからその名は知れ渡っていた。

監督が帝京高校に赴任してきたのは、20代半ばの１９６４（昭和39）年のこと。学生時代は陸上部に所属していてサッカーについては素人だったというのに、サッカー部の顧問になって10年ほどで、それほど強くなかった帝京高校サッカー部を全国選手権初優勝へと導いたんだ。すごいよね。

そんな監督に認めてもらえたわけだから、俺はすこし調子にのった……。「調子にのるな」とおばあちゃんにもいわれていたのに、これがいけなかった。それからしばらくチャンスは巡ってこなかった。

試合での俺の役割は、ムードを変えること。必ず得点につなげるセンターフォワードは、ほかにいたから、試合の流れを変えたいとき以外ではお呼びじゃない。チャンスが来ないのは当然だよね。

しかもその後、人生最大の馬鹿を、俺はやらかすのだ。ああ……。

横丁ラーメン店事件

練習に明け暮れ、女の子に見向きもせず（というか見向きもされず?）、まじめにサッカーばっかりやっていた俺も、実は一度だけ、はめを外してしまったことがある。

それは2年生になったばかりの練習後、仲間たちとラーメン店で飯を食っていたときのこと。

「食後の一服」

とばかりにタバコに火をつけてしまったのだ。高校生にありがちな、仲間と一緒だからできる興味本位の喫煙。まさかバレるとは思っていなかった。しかしその瞬間、よりによって、古沼監督が店に入ってきたのだ。

世界の動きがスローモーションのようにゆっくりとなり、血の気が引いていくのがわかったね。

そして即刻、退部をいい渡された——。

これが、かの有名な（あ、俺の人生史上ね）〝横丁ラーメン店事件〟だ！

本来なら、停学や退学をいい渡されてもおかしくなかったのに、退部ですませてくれたのは古沼監督の恩情だったんだろうね。

しかし俺にとって退部は退学と変わらなかった。この事態をどうしたらいいのか、誰に相談したらいいのか、途方に暮れたよ。

両親にもいい出せないまま何日かが過ぎた。練習着をわざと汚して家に帰って、練習を続けているように装ったんだけど、俺の態度が尋常ではなかったのかな。親父とおふくろにはすぐにバレたね。

そうなったら仕方ないから、覚悟して打ち明けると、まあ、前にもすこし書いたけど、親父から、

「きちんと謝ったのか？　とにかく、すぐにもう1回、謝ってこい」

とだけいわれた。部屋に戻って本気で泣いたのは、後にも先にもこのときだけだった。

なんとしてもサッカー部に戻りたかったけど、１００％自分が悪いから弁解の余地はない。どうしたらいいのか――俺は中学時代からの地元の親友・深谷くんを近所の神社に呼

んで、相談することにした。

そしたらなんと、一緒に謝りに行ってくれるというではないか。なんという友情。もつべきものは深谷くんだよね。ホントいいヤツなのよ。で、彼の気が変わらないうちに、古沼監督の住む町までふたりで出かけていった。

監督に連絡をすると、駅近くの喫茶店で待っていろといわれ、深谷くんと並んで待った。

「誰だ、お前」

古沼監督はまず、見知らぬ高校生・深谷くんがいることに驚いたようだった。そりゃそうだ。でも深谷くんは胆《きも》が据わっていて、

「初めまして、深谷です。木梨の中学時代からの友人です」

ってあいさつをしてくれた。深谷くんの存在が、場の雰囲気を変えてくれたのはいうまでもない。監督は多くを語らずに、

「あれからどうした？」

とだけ聞いた。

「反省しました」

「タバコはやめただろうな」

「はい」

しばらく間があった後、監督はこういって俺を許してくれた。

「頭を丸めてやり直せ」

もともと5厘の頭。これ以上丸めようがなかったので、1年生に戻ったつもりで、部室の雑用から引き受けることにした。

この件については、いまでも深谷くんに感謝している。ありがとう！

チャンス到来

喫煙事件、もとい横丁ラーメン店事件以来、よりまじめに練習に励むようになった俺に、3年生の最後の冬、晴れ舞台が訪れた。それは1979（昭和54）年の全国高校サッカー選手権大会東京予選の決勝、国立西が丘競技場（現・味の素フィールド西が丘）でのことだった。前半の途中、古沼監督は、サブでベンチ入りしていた俺に、試合に出る準備をするように声をかけてくれたのだ。

相手は強豪・修徳高校。大事な一戦だ。このときの俺が、どんなに高ぶったか——試合に出られるという喜びもあったけど、なんせこの日は日本テレビの中継が入っていた!!

そうとあっては、いっそう気合が入っちゃうよね。


俺がベンチを立つと、観客席の応援団が口笛を鳴らして声援を送ってくれた。俺は調子にのって、短パンを腰まで下げた状態でウォーミングアップを始めた。当時は、パンツを腰のあたりにまで下ろしてはくのが、カッコいいと思っていたのだ。戦術じゃなくて身なりだ！　なんてね。でも次の瞬間すぐに、

「木梨、短パン上げろ！」

って、古沼監督に大衆の面前で怒鳴られた。俺はこれで意気消沈。試合に出ても集中できなかった……。なんて、監督のせいにしたけれど、違う。気負っていたのかもしれない。川添がくれたせっかくのセンタリングもモノにできず、俺の打ったシュートは情けないほど見事にそれた。

そして、後半の途中で選手交代。前半の途中から出場した選手が、後半の途中で代えられるということはめったにないから、監督に、

（こいつじゃなかったな）

と、思われたってこと。かなり恥ずかしかった。

その試合で帝京高校は勝って優勝し、全国への切符を勝ち取った。俺のプレーがイマイチでも、3対0で楽勝かぁ、うーん・・・・ま、いっか！

「き・・・・なしとか」事件

帝京高校が全国大会への進出を決めたということで、翌日には、サッカー雑誌『イレブン』（日本スポーツ出版社）や『サッカーマガジン』（ベースボール・マガジン社）の記者やカメラマンが、取材にやってきた。

ベンチ入りした選手を写真におさめるということで、古沼監督が集合をかける。

「おーい、昨日のベンチ入りメンバー18人、集合」

反省点が多かったとはいえ、昨日の試合には出場したのだから、俺も監督のもとへと駆け寄った。

しかし、監督は俺を見ていったね。

「あっ、木梨はいいや。代わりに2年のタカタマ～、お前が写真に入れ」

って。アマチュアの学生スポーツ選手にとって、専門誌に顔写真が載る、というのはかなりの名誉だ。監督から外されたことに、さすがにショックを受けたけど、こういうとき、俺はどうしても、

「クソッ！」

とは思えないんだよね。

（う～ん、ですよね～。昨日は途中で代えられたもんね、俺……）

と思っちゃう。だって、ぜんぜん活躍できなかったんだから。俺はいつも、自分の感情を優先させるというより、監督ならどう考えるかとか、状況を客観的に見てしまうクセがあるみたい。それで退散。そうするしかないよね。

それから、全国高校サッカー選手権大会が始まるまでの1か月間は全力で練習した。雑誌に載れなかった理由には納得したけれど、やっぱり悔しかったよね。高校3年生、最後の全国。なんとしてもベンチ入りメンバーに入りたかった。

そして迎えた12月31日の大晦日《おおみそか》、夜10時。メンバーの発表は、東京・本郷にある合宿所

で行われた。年始に行われる試合には、ベンチ入りメンバーもその他の部員も全員、この合宿所から国立競技場へと向かう。

監督が名前を呼ぶ18人の中に、自分の名前があることを切に願った。

最初に発表されたのはレギュラーメンバー11人。俺がここに食い込める可能性がないのはわかっていたから、狙うは18人目。

……16人、17人目と発表が続く。俺はまだ入らない。そして、いよいよ18人目、泣いても笑ってもこれで残るはあとひとり。

「18番、き……」

ここまで聞いて、俺は歓喜した。もうこれは入ったと思った。周りの動きがゆっくりに感じた。例の横丁ラーメン店事件に続く、人生最大のスローモーション第2弾である。

「き……なしとか、木村とか、いろいろ考えたんだけど、鷲田で行くことにした」

放心した。

(でも、そうだよな、うん……、鷲田は足が速いもんね)

と、ここも監督目線の分析で納得してしまった。

その瞬間、サッカーにかけた俺の青春は終わった。ずっと本気だったし、ここ1か月は死ぬ気でがんばった。でも1か月死ぬ気になったくらいじゃ追いつけない。もっと前から、もっとマジにやっていたら……とは思ったけど、後の祭り。でも、やりきった、という思いはたしかにあった。

時計は10時32分を指していた。すごくよく覚えている。発表が終わり、部屋に戻って『NHK紅白歌合戦』を見ているベンチ入りメンバー18人に、俺は自分のシューズ用きんちゃく袋を渡して、記念にサインを書いてもらった。

終わった。

本当に終わった——。

（このチームは本当に強いから、優勝する！　そうなると1月8日まで休めないが、あと1週間ちょっとでみんなとバイバイか、寂しいな……）

なんてことを考えていた。

帝京高校はその大会で、ぶっちぎりの強さを見せて優勝を果たした。俺はおそろいの赤のウインドブレーカーを着て、それを観客席から眺めていた。

（ああ、やっぱりこの場で使うのは俺じゃないよな。こういう場面なら足の速い選手か、2年生を入れるよな。監督の判断は正しかった！　やっぱり古沼監督ってすげえや。すべてお見通し。それにみんな強えしな）

　って思いながら。

　例のシューズ袋は俺の青春の宝物。いまだに大切に保管しているよ。すばらしい仲間たちの思い出とともに……。

　古沼監督からは、帝京大学へのサッカー推薦をすすめられたんだけど、大学に入ってもう一度1年生からやり直す気になれなかったんだよね。一流ばかりの中に3年間身を置いて、自分のサッカーのレベルがよくわかったし、もうやりきったという満足感もあったから。すごいヤツに限って、ハードな練習後にさらに筋トレしたりしていてさ、それでも日本サッカーリーグでは通用しないとか、そういう厳しい現実も目のあたりにして、自分の〝位置〟を思い知ったんだよね。

　チームも仲間もサッカーも、心の底から好きだった。でも、サッカーはここまで。切り替えの早い俺はすぐに就職を決めた。

小学校時代から約8年、サッカー漬けの毎日だったけど、きっぱり切り替えられたのは、中学校と帝京高校で、本気でサッカーに打ち込めたからだと思う。

実力ナンバーワンの帝京高校の仲間と、いろんなことを教えてくれた古沼監督、最高!!すばらしい3年間をありがとうございました。やっぱり一流はスゲエや。

好きならトコトン本気でやる。それでも通用しないなら方向転換をしてもきっと悔いは残らない。俺はそう思うんだ。実際そうだったからさ。

帝京高校の仲間たちのサイン

第四章
結成前夜

青春高校時代

アントニオ猪木と『ガッチャマンの歌』

帝京高校サッカー部での生活は、俺の人生を大きく変える出会いと経験に満ちていた。川添《かわぞえ》や小門《こかど》といったチームメイトとはその後も交流を続け、俺たちの番組に出てもらったこともある。

同級生でサッカー部員だった吉野晃章《てるゆき》は、放送作家になって『コラーッ！とんねるず』『とんねるずの生でダラダラいかせて!!』（いずれも日本テレビ系）、『とんねるずのみなさんのおかげ』シリーズ（フジテレビ系）、『とんねるずのオールナイトニッポン』（ニッポン放送）、『とんねるずの二酸化マンガンクラブ』（文化放送）、『とんねるずのちゃだわ王国』（ＴＢＳラジオ）など、俺たちの番組のほとんどを担当してくれた。

古沼《こぬま》監督にいたっては、いまでも電話をする仲。帝京高校の監督は２００３（平成15）年に辞めてしまったけれど、その後は、日本プロサッカーリーグ・東京ヴェルディのアドバイザーを務めたり、流通経済大学付属柏高等学校（千葉県柏市）や矢板中央高等学校（栃木県矢板市）で指導をしたりしていた。

80歳を過ぎても、サッカーのアドバイザーとしての活動を続ける古沼監督とは、正月に国立競技場で開催される全国高等学校サッカー選手権大会の決勝戦を一緒に見たこともあった。

俺が古沼監督のいる部屋に入っていくと、

「おお、木梨」

と変わらぬ笑顔で迎えてくれたっけ。監督と会うと高校時代の自分に戻って、タバコを吸うことにすこしだけ罪悪感を覚えたりもする・・・・。そう、例のラーメン店での喫煙騒動が骨身にしみているのかもね。ガハハ。

古沼監督がかかわってきた選手たちは１０００人を超え、その中の1割以上がプロのサッカー選手になったんだって。そんな監督と大好きなサッカーを一緒に観戦し、サッカーについて語り合えるなんて、もし帝京高校に行かなかったら、そうした時間はなかっただろうと思うと、それも感慨深いんだよね。

一流を知り、一流について学び、そして一流の人との絆《きずな》が、まだこうして続いている。ありがたいよなあ。

ほかのサッカーの試合を見ていても、

（古沼監督ならどうするかな）

なんて、考えてしまうくらい、還暦を過ぎたいまでも監督は俺に影響を与えてくれている。しかも監督は、俺が芸能界に入って間もない頃から、「とんねるず」の活躍を見守ってくれているんだよね。それこそ俺と貴明がショーパブでコントをしていたときからわざわざ店まで来てくれて、その後のコントライブやコンサート、個展にも足を運んでくれている。

本当にすごい人だ!!　感謝してもしきれない。

監督との出会いは、本当に貴重だったけど、運命の出会いといえば、やはり石橋貴明のほかを置いてはいない。

貴明とは3年間一度も同じクラスにはならなかったけど、貴明は高校1年生のときから野球部の超有名人で、その名はサッカー部にもとどろいていたから、俺は貴明のことをよく知っていた。

サッカー部も野球部もそうなんだけど、時折、先輩たちが後輩に、

「なんかおもしろいことやってくれ」

とふってくる。そんなときに最高の盛り上げ役として、1年生のときから活躍していたのが貴明だった。

帝京高校の教師のモノマネなんかで先輩たちをドカンドカン笑わせていて、特に新日本プロレスのアントニオ猪木さんのモノマネは貴明の十八番《おはこ》。最高におもしろかった。

野球の試合の応援では、当時は帝京高校に応援団がなかったものだから、貴明が応援スタンドの先頭に立って、実に堂々と音頭をとって観客席を盛り上げていたっけ。たとえば早稲田実業学校高等部との試合のときは、

「早実《そうじつ》がなんだー」

と貴明が大声で叫ぶ。これに続いて、スタンドの帝京生全員で、

「なんだー」

と声を張り上げる。帝京生の音頭をとっていたってわけ。翌日の新聞には、応援する貴明の顔が大きく載ったこともあった。

サッカー部と野球部は、狭いグラウンドを分けて一緒に使っていたうえ、部室が1階と2階ということで近かったし、両部とも全国優勝を狙うほどの強豪だったから、頻繁に交

流があった。

いや、ホントに当時の帝京高校のグラウンドは狭かったんだよな。野球部のセカンドのすぐ後ろがサッカー部の練習場所で、俺たちは練習をしつつ、ネットを越えて野球部のほうから飛んでくるボールにも気をつけないといけなかった。ボールに当たってけがをしたとしても、すぐそばに帝京大学医学部附属病院があるから、まあ、安心といえば、安心なんだけどね。

話はそれたけど、とにかくサッカー部と野球部は頻繁に交流していたから、貴明はよく、サッカー部の先輩にも呼ばれて芸を披露していた。俺はボールや先輩のスパイクを磨きながら、その様子を見ては、

「お〜、やってるねえ。ウケてるねえ」

と、内心感心していた。練習後の部室は、〝貴明ワンマンショー〟のステージになっていたんだよね。

貴明が有名だったのは、盛り上げ上手だったからだけじゃない。当時すでに素人としてテレビ番組に出ていたんだ。

小学6年生のときに『アフタヌーンショー』（NET、現・テレビ朝日系）の夏休み企画「加藤茶大会」に出たり、中学3年生のときには、『ぎんざNOW!』（TBS系）の「しろうとコメディアン道場」にも出場したりしていた。そのせいか、安定感が違うって感じだった。

そういう俺も、実は2年生になる頃には、サッカー部の盛り上げ隊長を担っていた。人前に出るのはへっちゃらだったし、8歳の頃すでに、大阪万博への道中で人を楽しませる喜びを知っていたのかもね!?

（俺もやってみたい）

と思っていた。だから先輩から、

「木梨、なんかやれ！」

といわれたのは、渡りに船だった。

サッカー部では試合後の夜などに、合宿所や遠征先の宿で、他校も交えての〝演芸大会〟が開催されることがよくあった。俺はたびたびその仕切りを任されるようになって、歌やモノマネを披露した。芸能界に入ってからも、よくテレビで披露していた、アニメ『科学忍者隊ガッチャマン』（フジテレビ系）の主題歌『ガッチャマンの歌』は、すでにその頃から俺の持ちネタになっていたんだよね。実は芸歴長いの。

　モノマネといっても、俺の場合はそっくりマネるんじゃなくて、特徴をとらえてムードを再現していたのだが、そのほうがウケると、このときに学んだ。

『ガッチャマンの歌』にしても、

〈♪だれだ、だれだ、だれっでやぅ〜〉（激しいビブラート）

なんてアレンジして、盛り上がりそうな部分だけ盛り気味に歌ったり、芸能人のモノマネをしている人のモノマネをしたりした。

　同じ学校の人間を笑わせればいいわけだから、教師のモノマネもよくやった。日本中を回ってこけしを集めているという講師の久松先生は、

「やめろよなぁ〜もぉ〜」

というのが口癖で、それをよくマネていた。ちなみに、『みなさんのおかげです』のノリ男というキャラクターは、この久松先生をモデルにしている。

　先生、キャラありがとう。その節はお世話になりました。

帝京高校サッカー部で伝統となっていた、先輩から後輩への〝お説教〟でも、俺は説教する先輩にはならず、〝笑い〟を選んだ。

お説教は、部活動に緊張感を与えるためにと月1〜2回行われていた。いま同じことをしていたら、問題になるかもしれないけど、当時のスポーツ強豪校ではどこでも、当たり前に行われていた。とはいえ、俺はそういった場が苦手だったので、前に書いた通り、仲のいい先輩にお願いしてよくサボっていたんだけどね……。

俺が高校2年生になって、後輩に説教する立場になったとき、どうしたもんかと考えた。俺は人に説教するようなタイプじゃないし、第一、自分が「避けたいなぁ」と思っていたことを後輩にはしたくなかった。

そこであるとき、こんなお説教をやってみた。

1年生全員を部室で正座させ、マジで怒っているという雰囲気を出しながら、後輩たちの前を無言で歩き回ったんだ。誰も声を出さない。部室内は静まり返っている。緊張感はピークに達した。その瞬間を見計らって俺は、

「プ――――、あ……、おなら出ちゃった、プププ〜、ピロピロ……」

などと、まるで小学3年生の手口！　緊張感からの小3作戦はしてやったりで、ふき出

しそうになる後輩たち。顔を腕で押さえたり、後ろを向いたりしてなんとかこらえていて、プルプルと体が震えていた。ここで笑ってしまえば、さらに上の先輩から怒られてしまう。笑いをがまんしようとする後輩たちの姿がおもしろくて仕方がなかったね〜。俺が担当するお説教はだいたいこんな感じで乗り越えていたわけ。

こういった「部室芸」が、俺と貴明の笑いの原点だったんだ。

「理事長とそのお付きの人」のモノマネ

そんな貴明と初めてコンビめいたものを組んだのは、卒業を前に校内で開かれた謝恩会でのこと。手品などの出し物に退屈した生徒たちが、貴明に向かって、

「石橋、なんかやれよ」

といい出した。そのとき、なぜか貴明は俺を誘った。サッカー部で俺がいろんなことをして、みんなをザワザワさせて笑いをとっていたのを知っていたからかもしれないけど、本心はわからない（貴明に聞いてみてください）。

「木梨、一緒にやらない？」

といわれて俺は即座に、

「いいよ」

と答え、ふたりで講堂の舞台へ上がった。

ワクワクしたね〜。

俺たちふたりが登場しただけで、早くも笑いが起こった。俺たちはアドリブで、互いのモノマネネタを順に披露したんじゃなかったかな。

その中で、いちばんウケたのが、帝京高校の生徒にしかわからない「理事長とそのお付きの人」のモノマネ。帝京大学とその系属の中学・高校などのグループには、経営のトップである理事長がいて、その理事長はいつもお付きの人を従えて朝礼に現れ、熱弁をふるっていた。そして、ひとしきり話すと、来たときと同じようにお付きの人を従えて去っていくわけ。理事長の堂々たる姿とちょこちょこ後をついていくお付きの人の姿の対比がおもしろかったから、貴明が理事長を、俺がお付きの人をマネて、壇上をちょこちょこと歩き回った。

沸き起こる大爆笑。拍手喝采。

調子にのった俺は、お付きの人が去り際にゴミや空き缶なんかを拾っていく姿までマネて、これがまたウケたよね～。先生たちも、本来ならこういったおふざけを注意しなくちゃならない立場なのに、思わずふき出しちゃってた。

これが俺と貴明が初めて〝客前〟で芸を披露した瞬間だった。部室ではなく大勢の人の前で舞台に上がって大爆笑を誘う。その気持ちよさといったらなかったね。俺はこのとき、ものすごい快感を知ってしまった。

（ヤバイ！　これかも！）

ってさ。

「コンビ、組むんだって？」

謝恩会で俺と貴明が初めてコンビを組む前、貴明は視聴者参加型のバラエティー番組『ＴＶジョッキー』（日本テレビ系）の「ザ・チャレンジ」というコーナーにひとりで出演していた。

素人がモノマネやギャグ、コントなどの一発芸を披露して競い、勝ち抜いてグランドチャンピオンになると、当時若者たちの憧れだった白いギターやエドウインのジーンズ、ソニーのウォークマンなどがもらえた。後にこの番組から、竹中直人さんや柳沢慎吾ちゃん、井手らっきょさんなどが巣立ったことから、お笑い界の登竜門とされていた。

１９７９（昭和54）年、帝京高校の野球部は、全国高等学校野球選手権大会（夏の甲子園）の地方大会の４回戦で敗退していたため、貴明は俺よりも早く部活を引退していた。そこで、いち早く部室を飛び出し、テレビの世界に向かった貴明は、ここでもかなりの成績を残していた。

当時は、視聴者参加型のクイズ番組やバラエティー番組が多くて、高視聴率を記録していた。バラエティー番組で注目されていたのは『ＴＶジョッキー』や『ぎんざＮＯＷ！』などで、おもしろいヤツは素人だろうとどんどんクローズアップされていた。

俺も翌年1月に部活を引退した後、貴明同様、『ＴＶジョッキー』の「ザ・チャレンジ」にひとりで出演した。腕試しだよね。ゲストに歌手の西城秀樹さんが出ていたときは、

〈♪ハウスバーモントカレーだよ〜〉

なんて、本人の前でコマーシャルの文句をマネたり、和田アキ子さんのモノマネなんかもした。

テレビ番組に出ても俺はやっぱり、緊張することはなかったんだよね。むしろ当日の自分をイメージすると高ぶってしまって、早くその日にならないかな、なんて思う。とはいえ、当日になったらせっかくのお楽しみが終わっちゃうから、むしろ、何をやろうかといろいろ考えていられる前日くらいまでがいちばん楽しい。とにかく、昔から「段取り好き」で、それはいまも変わらない。

『TVジョッキー』の「ザ・チャレンジ」で、先にグランドチャンピオンになったのは貴明だった。俺も3週勝ってチャンピオンをかけた回まで勝ち進めたので、そのときは貴明と、サッカー部で一緒だった吉野に、

「ちょっと応援しに来てよ」

と声をかけてみた。すると快くついてきてくれたふたり。

すでにグランドチャンピオンになっていた貴明と、貴明や俺のネタでいつも大笑いをし

てくれる吉野がそばにいてくれたら、場が盛り上がって百人力だと思ったんだよね。

おかげで俺も念願の第5代チャンピオン、第3代グランドチャンピオンに選ばれた。このとき披露したのは、正司歌江さん（かしまし娘）や和田アキ子さん、ルパン三世などのモノマネだったと思う。

番組の最後、司会をしていた土居まさるさんが、観客席にいた貴明を見つけた。貴明はすでにこの番組の常連だったため、土居さんも顔を覚えていたみたい。そして、

「石橋くんは今度、ふたりでコンビを組むんだって？」

といい出したから、もうびっくり。俺も貴明もそんな話をしたことはなかったからさ、土居さんの言葉にちょっと戸惑ったよね。土居さんがなぜ、そんなことをいったのかは謎だけど、いずれにせよ、その言葉に引き寄せられるように、俺たちはコンビ結成へと向かっていくことになる。

コンビ名「石橋くんと木梨くん」

「憲武、『所ジョージのドバドバ大爆弾』って番組があるんだけど、その予選会に一緒に出ない？」

1980（昭和55）年春、高校を卒業するかしないかというタイミングで再び貴明に声をかけられた。

1979年10月から始まった『所ジョージのドバドバ大爆弾』（当時の東京12チャンネル、現・テレビ東京系）は、所さんが初めて司会を務めた番組だ。素人からペアを募って、芸を披露したりゲームに参加して成功したら、最高賞金100万円が獲得できるというコーナーがあったんだよね。俺はもちろん、

「出る出る出る出る」

って前のめりでOKした。貴明となら絶対にうまくいくはず。断る理由が何もない。もう即決。

予選会はたしか、東京タワーの下にあるテレビ東京のスタジオで行われた。そこで待っ

ていたのは１００組以上の参加者で、俺たちが入っていくと、

「ヤベエ、石橋が来た」

なんて、会場内がざわつき出した。『ＴＶジョッキー』の常連だった貴明は、素人の中ではかなりの有名人になっていたんだ。貴明は、

「ハイ、どーも」

みたいな感じで、大物感タップリの態度でドカッとイスに座っていた。

一方の俺に対してはみんな、

「こいつ誰？」

って反応だったけど、それでもぜんぜんかまわなかった。周囲の〝ヤベエ〟という反応を見た時点で、俺は勝ちを確信していたからね。ほら、帝京高校サッカー部のユニフォーム姿を見た他校の選手がみんな萎縮しちゃった、あのときの反応と同じ。俺は、貴明が率いる〝一流〟チームの一員として、貴明のそばに誇らしげに座っていればよかったんだ。

このときのコンビ名は、たしか「石橋くんと木梨くん」だったような…。ネタの準備にかける時間がなかったので、アントニオ猪木さんのネタを中心にして、それぞれの持ちネタから内輪ネタを抜いたもので構成した。

審査員も貴明を知っていて、案の定、俺たちは合格。１００組中合格したのは、２〜３組だった。控え室のムードですでに勝っていたから、合格と聞いても、

「でしょうね」

という感じだったね。

本番は公開生放送で、茨城県の取手市民会館にお客さんを入れて行われた。移動には、俺と地元が一緒で、小学校のサッカースクールで先輩だった宮崎さんが車（トヨタのセリカXX）を出してくれた。

会場へ向かう途中、車窓を眺めていると、なんと、ギターケースを持って歩く所さんを見つけた。俺は、友人にでも声をかけるみたいに、

「所さ〜ん！　俺たち、今日出ますから、よろしくお願いしま〜す」

なんて叫んじゃった。あいさつは大事って、おばあちゃんの教えはこういうときにも発揮された。

当時、「シンガーソングコメディアン」として活躍し、知名度が上がりつつあった25歳

の所さん。初対面の素人である俺たちに、

「あっそ、がんばってね～」

なんて気さくに答えてくれたもんだから、えらく興奮したのを覚えている。縁とは不思議なもので、ありがたいことに所さんとはそのときから40年以上たったいまでも曲作りやラジオなどで仲よくさせてもらっている。

『所ジョージのドバドバ大爆弾』では、参加者の賞金額を会場の人たちが決めるシステム。ネタがおもしろいほど賞金額は高くなり、俺たちの評価額は「73万円」だったと記憶している。

当時の高卒男性の初任給が10万円前後だし、そもそも賞金最高額が１００万円だから、この金額はかなりのもの。ゲームをクリアできれば、賞金を獲得できるのだから、そりゃあ気合も入るってもんだ。

いくつかあるゲームのうち、俺たちに与えられたのは、制限時間内にボールを投げて障子を破る「猛烈ピッチング」というもの。貴明は元野球部の沽券《こけん》にかかわるので奮闘したけど、残念ながらゲームはクリアできなかった。

結局、73万円はパァ。その代わり、参加賞としてスポンサーから豪華賞品をいただいた。老舗人形メーカーの人形や家具、食器、カメラなどで、当時は広告も兼ねて、スポンサーがさまざまな賞品を用意してくれていたんだよね。テレビ出演はこういう楽しみもあるのがよかったね。

賞金こそ逃したけど、コンビで笑いをとることに手ごたえを感じた俺たちは、山盛りの参加賞品を宮崎先輩の車に積むと、会場を後にした。たしか、宮崎先輩にも、何か賞品をあげたはずだよ。あのときは送迎ありがとね、宮崎先輩！

タモリさんは「きみたちはそれでいいよ」

念願の公開生放送に出演したのに、そのときの俺はというと、テレビに出演したっていう実感はあまりなくて、イベントか何かに参加したという感じ。ところがオンエアの翌日、友達から、

「見たよ、昨日」

なんていわれたもんだから、なんかちょっと有名人気分に……。人間なんて単純なもの

だよね。そのひと言で有頂天になって、

（やっぱ、テレビに出るって最高だね）

って調子にのってさ、それからは誰も俺のことなんて知らないのに、

（俺だってバレるかも）

なんて、自意識過剰になっていたときもあった。

チャンスは続くもので、その後、『所ジョージのドバドバ大爆弾』のスタッフから、

「今度『お笑いスター誕生!!』という新しい番組が始まるから、石橋くんと出てみない？」

と誘われた。

（すごい！　土居さんのいっていたことが現実になっていくぞ～）

と、高ぶってきたね～。

『お笑いスター誕生!!』（日本テレビ系）は、１９８０年4月12日から放送が開始されたお笑いオーディション番組。司会はルパン三世の声優として知られた山田康雄さんと歌手

の中尾ミエさんだ。才能ある素人を発掘するだけでなく、チャンスに恵まれないプロにも光を当てようという番組だったので、お笑いブームの立役者である島田洋七さん・洋八さんの「Ｂ＆Ｂ」さん、「おぼん・こぼん」さん、「アゴ＆キンゾー」さん、大竹まことさん、きたろうさん、斉木しげるさんの「シティボーイズ」さん、コロッケといった中堅や若手芸人らのプロも参加していた。

３週勝ち抜きで「銅賞」、５週勝ち抜きで「銀賞」、８週勝ち抜きで「金賞」という具合に、勝ち進むごとに賞が用意されていて、10週勝ち抜くとグランプリを獲得できた。

この頃の俺たちは高校を卒業していて、俺は「ダイハツ新東京販売」で整備士に、貴明は「ホテルセンチュリーハイアット」（現・ハイアットリージェンシー東京）に就職していたんだけど、ふたりで相談して、「貴明＆憲武」というコンビ名で１９８０年の7月から参戦した。

「ネタ、どうする？」

なんて話より、

「何を着て出る？」

なんて見た目の話ばかりしていて、結局、帝京高校サッカー部時代の友人で、スポーツ用品メーカーに勤めていた高橋くんに頼んで、貴明＆憲武のロゴをプリントしたシャツを作ってもらって、それを着て出演することにした。

お互いサラリーマンだったから、仕事帰りに貴明の職場の近くの新宿中央公園でネタ合わせをした。といっても、俺たちの芸は部室芸。主な持ちネタは一発芸やモノマネだ。ネタを並び替えたり、構成を変えたりしながら新鮮味が失われないようにするくらいしかできなかった。

『お笑いスター誕生!!』に出場するプロの芸人たちは、練りに練ったコントや漫才で挑んでくるから、俺たちもそれらを取り入れたいと思うんだけど、作り方ややり方を相談できる人が俺たちの周りにはいなかった。

そんなわけだから、初めて出場したときは酷評されたね～。審査員の京唄子さんは、芸とも呼べない俺たちのコントに、

「あなたたち、起承転結って知ってる？」

とあきれた様子。

「起承転結？　なんすかそれ？」

って感じで、頭の中を「？」にしていると、同じく審査員だったタモリさんや漫画家の赤塚不二夫さんは、

「なんだかわからないけどおもしろい。きみたちはそれでいいよ」

といってくれた。

俺たちは芸能事務所にも入っていなかったし、師匠もいない、修業もしていない。高校を卒業したばかりの18歳の素人だから、これまでの素人向けテレビ番組より勝ち上がるのは大変だったけど、なぜかドカドカウケた。「キャー」なんて女の子たちにいわれたこともあったかな〜。

会社に嘘《うそ》をついて休みをもらい、収録に行っていたのは申し訳なかったね。『お笑いスター誕生!!』は土曜の正午から放送されていたんだけど、ある昼休み、会社の休憩所でほかの社員と一緒にテレビを見ていたところに、俺たちが登場しちゃったことがあった。

「続いてのチャレンジは、貴明＆憲武だ！」

と、山田康雄さんのナレーションが流れる。

すると、そばにいた社員は、テレビの中の俺と、目の前にいる俺とを見比べながら、

「あれ？ 木梨くん？ どういうこと？」

なんて見事にバレて……。あのときはホント、焦ったね。

進む先に道がなければ作っちゃえばいい

ここでなぜ、ダイハツ新東京販売で整備士になったのかについて書いておこうかな。サッカーは高校でやめて、さてどこに就職しようかと考えたとき、真っ先に親父の仕事ぶりを思い出した。長年見ていて、

「俺もこういう仕事は嫌いじゃないな」

と思っていたし、高校生になる頃には、タイヤのパンクやちょっとした修理ならできるようになっていた。漠然とではあるけど、将来、店を継ぐことも選択肢のひとつにあったと思う。そうなった場合、自転車修理と自動車整備ができたほうがいいと思っていた。実際に親父は、自動車の傷やへこみの板金塗装、エンジンの故障などの修理もこなしていた。

入社後の研修を終えると、俺は杉並区の浜田山にあった営業所に配属されて整備の仕事についた。職場は祖師谷の実家から比較的近かったし、何より、入社してすぐに会社の経費で普通自動車免許をとらせてくれたのがありがたかった。

毎日、車の下にもぐり込み、油まみれになって働いていたので、車検の点検などはすぐにできるようになった。慣れてくると、手を動かしながら頭の中ではネタの整理までできるようになった。勤務時間中に申し訳ないけど、でも、仕事はまじめにやっていたつもりだよ。

幸いにも、会社にテレビ出演がバレてからは、収録日は大っぴらに会社を休ませてもらえるようになった。入社したての新人が、テレビ出演で会社を休むなんて、普通ならありえないでしょ。でも、営業所の人たちは、

「がんばってこいよ。応援してる」

なんて快く送り出してくれた。そして収録を終えた翌日、出勤すると、

「どうだった？」

って、結果を聞いてくれては一緒に喜んでくれた。ものすごくありがたかったんだけど、

（こんなにいい人たちに迷惑をかけて申し訳ない）

という気持ちは常にあったね。

この中途半端な状態をどうしたらいいんだろう――。

迷っていた俺の背中を押してくれたのが、後に音楽デュオ「バブルガム・ブラザーズ」でデビューするブラザー・コーンこと、コンちゃんだった。

コンちゃんは、「あのねのね」さんが司会を務める『とびだせものまね大作戦』（フジテレビ系）に素人モノマネで出演したのをきっかけに、『ヤンヤン歌うスタジオ』（当時の東京12チャンネル、現・テレビ東京系）などの歌番組にも出演していた。

コンちゃんとは、番組スタッフが連れていってくれた新宿のショーパブで知り合った。その頃、俺や貴明は、芸能関係者が集う新宿や六本木などのディスコやパブなどに頻繁に出入りしていたんだよね。

当時はディスコブーム。ショーパブも人気で、六本木や新宿の街は若者で賑《にぎ》わっていた。ダンス＆ボーカルグループ「ＺＯＯ」や「ＥＸＩＬＥ」を結成する前のＨＩＲＯさん（現在はＬＤＨ代表取締役会長兼社長）、後に「ＴＲＦ」に加入するダンサーのＳＡＭさんが、新宿の店で華麗なダンスを披露していた。そんな華やかな世界に、コンちゃんもいた。

俺たちがよく出入りしていたディスコは、新宿の歌舞伎町にあった「カンタベリーハウス」のＢＩＢＡ館やギリシャ館、「ニューヨークニューヨーク」だった。

あるとき、コンちゃんが俺と貴明を前にいった。

「お前ら会社で働いているんだって？　ホント？　まさかずっとサラリーマンやっていくつもりじゃないよね。こんなおもしろい世界、ほかにないんだから、会社は大至急辞めるでしょ」

コンちゃんにこういわれて、俺はモヤモヤが晴れた気がした。前から思っていたことをコンちゃんがはっきりさせてくれたのだ。俺は間髪をいれず、

「了解！　すぐ辞めます」

と答えていた。俺は親にも相談せず、すぐに辞表を出した。

入社して間もなく、しかも普通自動車免許をとらせてもらうなど、お世話になったのにあっさりした退社で、これまた、本当にご迷惑をおかけしました。それなのに、会社を辞めて６年後の１９８６（昭和61）年には、「ダイハツ工業」からコマーシャルのオファー

をいただいて、「とんねるず」は、ダイハツ・シャレードの特別限定車「ラブリー」や「ル・ブラン」のテレビコマーシャルにも出演させてもらっているんだ。ありがとうございます。


一方で、母親を安心させたいとの思いから就職した貴明は、たしか、

「一旦、持ち帰らせてください」

という感じだった気がする。しばらく悩んでいたかもしれないなぁ。

それでも結局、貴明も入社から４か月ほどで会社を辞めた。でも、『お笑いスター誕生!!』は５週目で敗れてしまった。

そんなときでも、俺は意外と楽観的でいた。さて、次は何をしよう、どうしようってね。

切り替えの早さはここでも発揮されたってわけ。


俺はいつでもそうだった。

進む先に道がなければ作っちゃえばいいと思う。周りをキョロキョロ見回して、いろいろな人にあいさつをしていれば、ほかにやりたいことが見つかったり、誰かが声をかけて

くれたりして、新しい道に導いてくれるものだと思っている。

いまから思えば、ただテレビに出たかっただけかもしれない。テレビに出れば売れると思ったし、女の子にもモテると思った。このときもやっぱり、根拠のない自信にあふれていたんだよね。

えっ？　軽すぎるって？　それでもいいんじゃないかな。

若かったしね。なんせ10代。なんだってＯＫの年代。

幸い俺たちは実家暮らしだったし、もちろん独身。根拠のない自信を携えて帝京高校に入学したときのように、若さゆえの勢いで道を切り開いていくのも、カッコいいんじゃないかって思ってたんだよ。好きなものを見つけたら、とにかくＧＯ！　でいいんじゃないかなってね。

第五章

新宿中央公園

仮面ノリダーは私

コマーシャルがきちゃったよ

『お笑いスター誕生!!』（日本テレビ系）で敗れてからは、たしか、すぐにまた挑戦しようって気にはなれなかった気がする。

そんなとき、なんと、大手菓子メーカー「森永製菓」からテレビコマーシャルの依頼がきた。グランプリ獲得は逃したものの、しばらくの間はテレビに出ていたから、それを見ていてくれたみたい。

とはいえ、まさか素人の「貴明&憲武」にコマーシャルの依頼がくるなんて、思ってもみなかったから、驚いちゃってさ、すぐには信じられなかったんだよね。

で、詳しく聞いてみると、チョコレートをかけたコーンフレークをドーナツ形に固めたお菓子「ドーナッチョ」のコマーシャルだっていうわけ。相手は大手企業だけど、万が一だまされたらどうしよう――一瞬そんな不安もよぎったね。

でも、こういうとき、貴明は本当にしっかりしている。問題があってはいけないからと、契約時には貴明の7歳年上のお兄さんに立会人をお願いしてくれた。なんせ１９８０（昭和55）年のこのとき、俺も貴明も未成年だったんだから。

3人で契約内容なんかを確認したところ、コマーシャルの出演料は、たしか、ひとり30万円ぐらいだったと思う。当時、俺たちの月給が10万円くらいだったから、なかなかの金額といえるよね。

後日、俺と貴明は天使の衣装を着てコマーシャル撮影をした。それが上々の評判になったようで、その後も、「アーモンドボール」「おっとっと」「チョコボール」といった人気商品のコマーシャルを10年以上にわたって契約していただいた。サラリーマンを辞めてもやっていけたのはこの仕事のおかげ。

森永製菓さん、その節は本当にありがとうございました。

「とんねるず」結成

「おい、ちゃんと聞けよ!!」

ステージ上に響く貴明の怒声。

森永製菓からコマーシャル出演の依頼を受けたのとときを同じくして、俺たちはかつて赤坂にあったレストランシアター「コルドンブルー」のステージに立っていた。貴明は、俺たちのコントを無視して話し込んでいた客に向かって、こう怒鳴ったから、俺は驚いてしまった。

コルドンブルーはいわば、大人の社交場。当時の金額でひとり約3万円のコース料理をいただきながら、ショーを楽しむという場所だった。ステージでは、夏木マリさんや秋川リサさん、前田美波里《びばり》さんたちが、バックダンサーを従えて妖艶なショーを繰り広げていた。海外からの大物ゲストをもてなす場としても有名で、ジョン・レノン、モハメド・アリなども訪れたって聞いている。

そんな名店のステージに若い俺たちが立てたのは、『お笑いスター誕生!!』に一緒に出演していた「おぼん・こぼん」さんのおかげ。

おふたりは約10年、コルドンブルーのステージで、漫才やコント、ダンスなどを披露していたんだけど、１９８０年8月16日の『お笑いスター誕生!!』の放送回でグランプリを獲得したのをきっかけに、コルドンブルーを〝卒業〟。テレビを中心に活動することになった。それで、俺たちを後継者としてコルドンブルーに推薦してくれたってわけ。

　コルドンブルーに採用されるには、オーディションに合格しなくちゃいけなくて、その審査に当たったのが、当時日本テレビのゼネラルプロデューサーだった井原高忠《いはらたかただ》さんだった。井原さんは、

「まあ、きみたちだったらいいでしょう。ただし、モノマネだけやっていてはダメ。コントのようなものも考えないとね。それとショータイムのために歌や踊りなんかも習っておいたほうがいいですよ」

と、俺たちにレッスンをすすめてくれた。

　ギャラは月給制で、それぞれに15万円ずつ支払われたから、コマーシャルとこの仕事のおかげで、生活するには困らなかった。売れていない時代から金の心配をしないですんだのは、本当にありがたかったなって思う。

　井原さんは歌やダンスの先生も紹介してくれたので、仕事のない昼間は、テアトルアカデミーのダンススクールでジャズダンスを習ったり、歌のレッスンに通ったりした。

　貴明とバレエ用品店「チャコット」に行ってウエアやシューズなんか買っちゃってさ、女の子しかいない教室で、バーにつかまりながら足を上げたり、ジャンプしたり……。

　歌のレッスンの課題曲も『ささやかなこの人生』（伊勢正三作詞・作曲）というフォー

クソングだったりするもんだから、

「何やってんだ、俺たち」

と、ふたりで首をひねることもあった。俺はやりたくないことには身が入らないタイプだから、レッスンにはそれほど集中できなかったんだけど、そんな毎日もなんだかおもしろいな、とは思っていたっけ。

　貴明はハッキリ、

「これは俺たちに似合わないな」

といっていた。俺もそうは思ったものの、まだ10代のガキだった俺たちは、いろんな大人たちにかわいがってもらっていたから、そういう人たちには逆らえないという部分もあったんだよね。


　コルドンブルーに出演するにあたり、貴明&憲武じゃ呼びづらいと、井原さんがコンビ名を考えてくれたのもこの頃だったと思う。

「候補がふたつあってさ、ひとつは貴明と憲武の『T』と『N』をとって『とんまとのろま』。で、もうひとつはね・・・」

これを聞いたとき、井原さんがもうひとつの候補をいう前に、

「もうひとつのほうで！」

って、お願いしたい気持ちになっていた。さすがに、「とんまとのろま」はないよねぇ。俺、のろまじゃないし。

結局、もうひとつが「とんねるず」だったから、それが新しいコンビ名になって、いまもその名前でやらせてもらってるってわけ。もし、とんまとのろまで決まっていたら、俺はいま、「のろちゃん」とか「のろさん」って呼ばれていたかも⁉　アブなかったぁ。

コルドンブルーではショーが始まると、出演者やダンサーたちの着替えを手伝ったりして俺たちもめまぐるしく働いた。特に夏木マリさんの早替えを手伝ったときには、あの大きなバストが視界に飛び込んできて、ドキドキしたね～。

ホールではお客様である紳士淑女たちが、ワインやブランデーのグラスを優雅に傾けていた。その一方で、ステージの裏では出演者たちが入れ代わり立ち代わり楽屋に飛び込んできて、狭いトイレの前で着替えたりしてさ、もうバタバタだった。

何よりいちばんの問題は、俺たちのステージがまったくウケないこと。男性客に連れら

れて若い女性が来ることもたまにはあったけど、客層はほとんど、ステータスの高い大人の男女。いま考えれば、こういう店で、10代、20代をターゲットにした俺たちの部室芸がウケるはずもなかった。もちろんモノマネだけじゃなくて、プロの作家に作ってもらったコントなんかも披露したんだけど、まったく相手にされなかった…。

俺たちが舞台に出ると、ここぞとばかりに客は食事を始めるから、まいっちゃうよね。つまり客にとっては俺たちの出番のときが休憩タイムってわけ。

「つまんねえ」

って、ハッキリいわれたこともあったっけ。おぼん・こぼんのおふたりは、ここで10年間出演していたというから、すごいよね。漫才やコントだけじゃなくて、タップダンスも披露していたと聞いて、俺たちも習ったばかりの歌やジャズダンスを取り入れたんだけど、結果はあんまり変わらなかった。まぁ、俺たちもそれでウケるとは思えなかったけど。客層が俺たちと、あまりにも似合わなかったんだよね。

「お前たち、大丈夫なのか？　こんな大人の世界でやっていけるのか？」

わざわざコルドンブルーまで食事に来てくれた帝京高校サッカー部の古沼《こぬま》監督は、俺たちの〝不安定〟な様子に、こう声をかけてくれたこともあった。

「なんとかやってます」と答えたものの、ホールに客が2組、ステージ上には俺たちとんねるずのふたり。この4対2のときは特にきつかったね～。俺たちを完全に無視して会話を続ける客に貴明はキレて怒鳴るし、もうさんざん。いや、でも本当のことをいうとさ、あのときの貴明は痛快だった。もちろん俺も客には腹が立ったんだけど、さすがにそうはいわない。でも貴明は口に出していっちゃうんだよ。

（おお貴明、怒ってるよ。客に向かって、怒鳴っちゃった！）

って、俺はその状況を楽しんじゃったね。もちろん貴明が怒鳴っても止めなかった。

結局、俺たちはわずか4か月で、コルドンブルーをクビになった。それも、「だよね！」って感じでしょ。そうした〝夜の店〟のような方向を目指していたわけではなかったから、あっさり辞められたのかも……。でも、最高の思い出ッす!!

新宿が俺たちの居場所

コルドンブルーをクビになって、収入が途絶えたけど、俺たちもこれ以上ここでは働けないなとは思っていた。

「まさか俺たち、ここでずっとやっていくのか？　これが修業なのか？　俺たちに似合う場所はテレビしかないだろう。だったら、こんなことをしている場合じゃない。早くテレビに出よう」

と、貴明とは話していた。とはいっても、コルドンブルーをクビになった直後は、さすがにショックで、ふたりで新宿中央公園に行って、

「この先、どうする？」

って話し合いもしたような……!?　俺は例のごとく、

（切り替えて次だ、次行こう）

と思っていたんだけど、貴明は違ったみたい。結成してわずか4か月のとんねるずを解散して、芸能界をあきらめようかとも考えていたのかもしれない。俺にしてみれば、解散なんてありえなかったから、貴明の申し出に、

「なんで？」

　って答えたように思う。

　俺たちが笑わせたい、楽しませたいのは、コルドンブルーに来ていた大人の紳士淑女たちじゃないのはハッキリわかっていたし、テレビでやりたい気持ちはより強くなっていた。そもそも結成したばかりで、まだ何も始まってなかったしさ。


　次の仕事のあてはなかったけど、俺たちは新宿中央公園の隅にあるベンチに腰をかけて、ネタを考えた。

　貴明との待ち合わせは新宿駅だった。なぜ新宿かといえば、貴明の実家がある成増駅と、俺の最寄り駅・祖師ヶ谷大蔵の中間点だったから。公園を選んだのは、俺たちふたりとも運動部出身ということで、グラウンドをイメージさせるような広いところを好んだのかもしれないな。40年も前のことだけど、いまでもよく覚えているよ。

　会うのはいつも正午頃だったから、まずは腹ごしらえから。決まって行くのが小田急デパートの近くにあった半地下の喫茶店「六本木」だった。新宿なのに、なぜ六本木？　と思っていたから、すごく印象に残っている。

　しかもこの店は、トーストが食べ放題だった。とはいえ、ついてくるバターやジャムは1枚分だから、2枚目以降は塩をつけて食べることになるわけ。だから、そんなにたくさんは食べられない。いまだったら、こっそりハムを持参しちゃうんだけどねえ。


　腹がいっぱいになったところで、ようやく新宿中央公園へ。こいつら何やってんだ、っていう通行人の視線も気にせず、ノートを片手にネタ作りが始まる。

「どんな組み合わせにする？」

「そうだな、俺が警官やるから、お前泥棒ね」

「それとも医者と患者にするか」

「いや、医者同士にする？」

「女子高生ふたりでもいいじゃん」

　なんて、貴明と俺で設定を出し合っていく。役柄については、先にいったもん勝ち。結構いろいろ練ってコントらしきものを考えていくんだけど、

「ねぇな、いやそれもねぇな……」

　っていい合っていたのが多かった気がする。

それでもたまに、ふたりとも爆笑するネタが浮かぶこともあって、そのひとつが赤塚不二夫さんの少女漫画『ひみつのアッコちゃん』をネタにしたコント。

アッコちゃんが魔法のコンパクトに向かって、「テクマクマヤコン、テクマクマヤコン、ジャイアント馬場さんになあれ」というと、ジャイアント馬場さんに変身できるんだけど、次に馬場さんのモノマネをしながら、例の口調で元に戻るための呪文「ラミパス、ラミパス、ルルルルルー」と唱えても、魔法のコンパクトがそれを聞き取ってくれない——ってやつ。

こんなふうに、ふたりが「おもしろい」と感じた〝点〟をたくさん作っては、流れのいい順番を考えながらつなぎ、コントにしていったんだ。ツッコミもボケもなく、ただやりたいことをやっていた。

で、そんなネタ作りもだいたい2〜3時間でお開きになる。夜まで根詰めてやるってことはなかった。だいたいふたりとも毎日、夕方から予定を入れていたんだよね。

俺なんかは、コンちゃん（ブラザー・コーンさん）行きつけの店に電話を入れて、コンちゃんが来ていれば遊びに行くし、そういう先輩がつかまらない日は、成城のパチンコ店に行っていた。金がないときは駄菓子店のおばちゃんに1万円借りたりしてね。

そうした生活を1か月ほど続けていたとき、

「お前たちいま、何をやっているんだ？」

と、心配して声をかけてくれたのが、コルドンブルー時代のダンスの先生・小井戸《こいど》秀宅《ひでいえ》さんのマネージャー・ヒロキさんだった。ダンスレッスンには集中できなかったけど、まさかその縁がこんな形でつながるとは、思ってもいなかったね。だから、そう！　やっぱり何事も挑戦してみるべきなんだよね。

「若者が来る店のほうが、お前たちにはやりやすいんじゃないか」

と、ヒロキさんが紹介してくれたのは、泥んこプロレスなんかをやっていた新宿のショーパブだった。

さっそくステージに立たせてもらうと、見事にウケたね～。そもそも、若いお客さんたちはテレビで見て俺たちを知ってくれていた。

それから歌舞伎町のニューハーフショーパブ「黒鳥の湖」のステージにも立たせてもらって、「猪木の凧《たこ》揚《あ》げ」とか「仮面ライダーのライダーキック」とか、コントはやらずに得意のモノマネや部室芸で笑いをとっていった。

（やっぱこういうのが俺たちに似合うな）

コルドンブルーで4か月間ウケなかったから、自信をちょっと失いかけていたんだけど、これですこしずつ、取り戻せていけたってわけ。

ショーパブでは、自分たちのステージが終わると、客席で他のステージを見たりもしたけど、よくプライベートで遊びに行っていたのは、新宿御苑前にあったパブレストラン「昆《こん》」だった。そこにはお笑いタレントほか、ミュージシャンや俳優などが出入りしていて、「コント赤信号」のラサール石井さん、桑名正博さん、ショーケン（萩原健一さん）なども見かけた。「バブルガム・ブラザーズ」を結成する前のコンちゃんと出会ったのもこの店だった。小さな店で特別なステージはなかったけど、俺は店長と仲よくなって、テンションが上がると西城秀樹さんのモノマネなんかをさせてもらっていた。

テレビ局のディレクターの出入りも多かったから、ここでの交流がその後につながったのかもね。

「ネタの意味は?」「意味なんてないッす」

「もう一度チャレンジしませんか」

ちょうどそんなときに、『お笑いスター誕生!!』のスタッフから連絡があった。機が熟したとでもいうのかな、タイミングが合ったんだよね。タイミングって大切よ。だから、俺たちはこの申し出にのってみることにした。

素人の貴明＆憲武として出場した前回のチャレンジのときと違うのは、とんねるずというコンビ名をつけて、プロとしてステージに立つようになったこと。それと、コルドンブルー時代に作家に考えてもらったコントのネタがあったことだ。前回は、コントの作り方も、オチのつけ方も、ぜんぜんわからなくて、モノマネや一発芸頼りだったんだけど、コルドンブルー時代にコントを練習したことで、ちょっとだけプロっぽくなったような気がしていた。

このときも相変わらず新宿中央公園を練習場所にしていたんだけど、同時期に『お笑いスター誕生!!』に出演していた「シティボーイズ」の3人から、

「練習場所がないんだったらお前ら来い。一緒にやろうぜ」

と誘ってもらって、杉並区の方南町にある３人の稽古場を貸してもらった。大竹さん、きたろうさん、斉木さんは、劇団「表現劇場」のメンバーだったから、俺たちとは違って、演技の基礎ができていて、コントでの表現力が段違いだった。そんな３人が稽古場を使っていいといってくれたことはありがたくて、彼らの練習を見られるチャンスだとも思った。

きたろうさんは、俺たちのネタを見て、

「そのネタの意味は何？」

とよく聞いてきた。俺らは生意気にも、

「意味なんてないッす」

と答えると、

「意味を考えなさいよ！」

といわれてしまう。俺たちも自分の笑いにすこしずつ自信をもってきた頃だったから、

「いや、考えないッす！」

なんて口答えしたりして……。そんな俺たちに稽古場まで貸してくれた３人の先輩たち

は本当にやさしくてさ、かわいがってもらったんだよね。

　大竹さんは後にご自分のラジオ番組で、俺たちの笑いについて、

「とんねるずの笑いを意味不明だと思ったこともあったけど、大阪の漫才師が意味のないことで笑いをとっていると知り、とんねるずは正しかったんだって気づいたよ」

なんていってくれていたみたい。でもね、「意味不明」といわれても、仕方がなかったんだ。だって、俺たちの笑いには、ボケとかツッコミとか、そういうシステムみたいなものがなかったからね。いまでもないよ。でも、それでいいや……っていうのが、とんねるずだったんじゃないかな。

　ボケとツッコミ的なお約束がなかった代わりに、俺たちはどうしたかというと、「ふざけたら注意」していた。たとえば、俺がふざけすぎたら、貴明が「やめろよ」と注意して、逆に貴明がふざけすぎたら、俺が注意する。ふたりしてふざけすぎてわけがわからなくちゃったら、意味不明の言葉を発したり、なんか変な音を出したりして、次のネタに強引に進んじゃう――って感じかな。

１９８１（昭和56）年に開催された『お笑いスター誕生!!　第2回ゴールデンルーキー賞』の15組にエントリーした俺たちだったんだけど、決勝で「アゴ&キンゾー」さんに敗れて特別敢闘賞に終わった。それでもあきらめず再度挑戦して、１９８２（昭和57）年4月10日放送分でようやく10週勝ち抜きに成功。グランプリを獲得できた。初めて出場したときから2年。俺の20歳の誕生日から、1か月ほど過ぎた日のことだった。

ちなみに、シティボーイズも、１９８３（昭和58）年9月10日放送分でグランプリを獲得した。

何ひとつムダになってない

『お笑いスター誕生!!』で活躍するようになると、仕事のオファーが一気に増えた。世界が変わったね。

森永製菓のコマーシャルのときは、事務所に入っていなかったから、貴明の自宅に直接依頼の電話が入ったんだけど、あのときはそんなに仕事がなかったから、それでも対応できた。でも、仕事が増えると、ひとつひとつ自分たちで電話を取って、確認するのはもう大変。それで、芸能プロダクションに入ることを考えたんだけど、貴明は何か考えていることがあるみたいで、なかなか決められないでいた。

そんなとき、『お笑いスター誕生!!』の演出を担当していた制作会社・日企《にちき》の代表取締役社長（現・会長）・赤尾健一さんや番組スタッフが、

「どこかに決まるまで、一旦うちの会社で預かろうか」

といってくれた。マネージャーもつけて、営業活動もしてくれるというじゃない。

プロダクションは一概に、大きい会社だからいいってわけじゃないと思うんだよね。規模が小さくてもタレントをていねいに育ててくれる会社もあるからさ。俺たちは、自分たちのやりたいことを自由にやらせてもらいたかったから、誰かに弟子入りしたり、プロダクションの方針に沿ってやりたくない仕事をしたりするのは嫌だった。

というのも、コルドンブルーをクビになった後、炭酸飲料のキャンペーンのため、都内のスーパーマーケットを回って、お客さんとゲームをしたりして、商品の宣伝をするという仕事を任されたことがあった。ありがたい話だったけど、こういったお笑いに関係のない仕事はできれば避けたかった。まあ、新人のうちは仕方のないことかもしれないけど。

やればやったで楽しかったしね。でも、いかにお客さんを笑わせられるか、自分たちで考えてできる仕事をしたいと、このときから、俺も貴明も思っていた。

その意味では、俺たちのデビューと関係の深い番組の制作会社に、とりあえず面倒を見てもらえるのは本当にありがたかった。


赤尾さんが日本テレビの元社員だったことから、日企は日本テレビとのつながりが深かった。その関係で、その後の仕事は、日本テレビ系の番組が中心になっていった。

１９８１年には、歌手の西城秀樹さんが司会を務める『モーニングサラダ』（日本テレビ系）にレギュラー出演させてもらえるようになった。

さらにグランプリ受賞後は注目度が上がって、お笑いタレントとして、ようやくテレビの世界で活躍するための第一歩が踏み出せたと感じた。たかが一歩？　いやいや、すでにこの一歩を踏み出すまでにたくさんの人のお世話になっている。俺たちには似合わないなって思った仕事も結局、次につながるきっかけになったしね。

何ひとつムダになっていないし、何をやらせてもらっていても、俺は結構楽しめちゃった。それもこれもやっぱり、みなさんのおかげです、なんだよね。

第六章

ゴールデンタイム

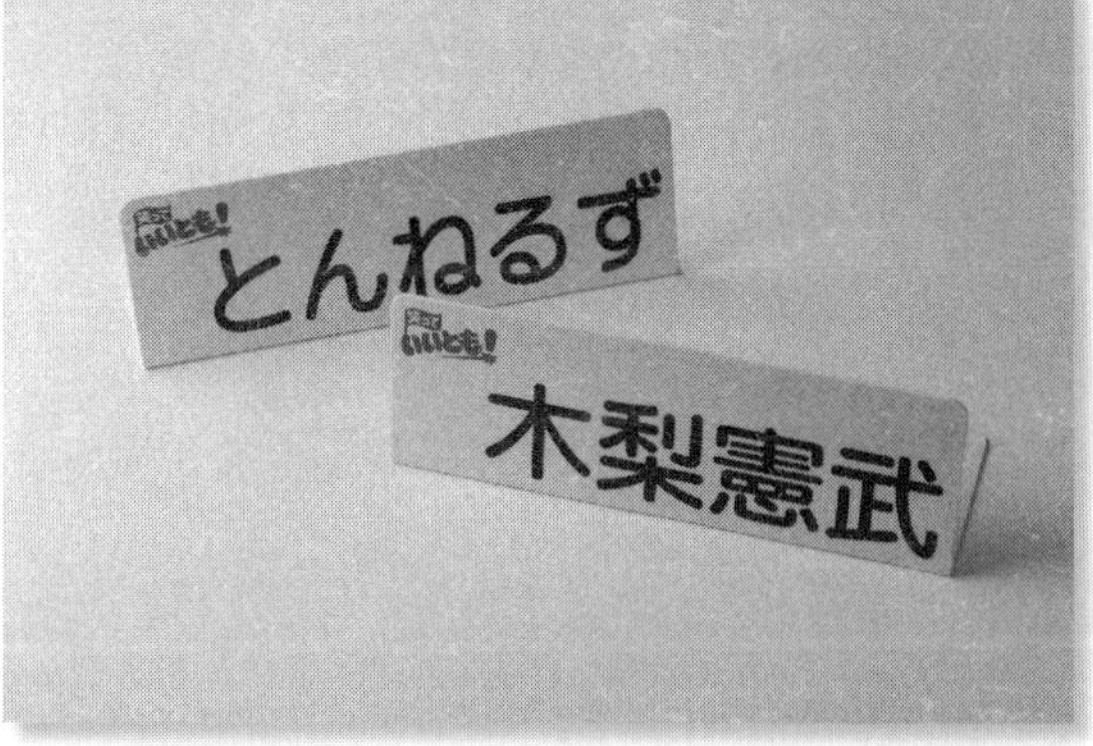

『笑っていいとも！』

漫才ブーム

俺たちが『お笑いスター誕生!!』（日本テレビ系）でグランプリをとった１９８２（昭和57）年、世の中は、まさに「漫才ブーム」だった。それまで東京で漫才といえば寄席《よせ》で見るのが一般的で、漫才のためのテレビ番組が放送されるようになったのは、こうしたブームが起こったからだったように思う。漫才が注目されるようになると、関西で活躍していた漫才師たちが東京に進出してきたり、若手も続々と登場したりして、お茶の間を賑《にぎ》わせていた。

このブームの先頭を走っていたのが、主に「ツービート」さん、「Ｂ＆Ｂ」さん、「島田紳助・松本竜介」さんたち。ほかにも、「横山やすし・西川きよし」さん、「おぼん・こぼん」さん、「ザ・ぼんち」さん、「オール阪神・巨人」さん、「星セント・ルイス」さん、「西川のりお・上方よしお」さん。形は違うが、明石家さんまさん、笑福亭鶴瓶《しょうふくていつるべ》さん、片岡鶴太郎さんなど、ドカドカと！

テレビでの漫才、お笑い時代。エンターテインメントが爆発していく！

こういったブームは、東京と大阪を中心にお笑いの世界を築き上げてきたプロデューサーの澤田《さわだ》隆治《たかはる》さんと、フジテレビのプロデューサー・横澤彪《よこざわたけし》さんが仕掛けていた。澤田さんは『花王名人劇場』（フジテレビ系）、横澤さんは、『笑ってる場合ですよ！』『森田一義アワー　笑っていいとも！』『オレたちひょうきん族』（いずれもフジテレビ系）などを手掛けて、芸人が活躍できる舞台を増やしていったんだ。

この頃の俺たちは、赤尾健一プロデューサーの指示のもとに、１９８１（昭和56）年10月にスタートした『ダントツ笑撃隊!!』（日本テレビ系）に出演させてもらっていた。毎週土曜日の午後7時半から8時54分までの放送で、三波伸介さんとザ・ぼんちさんが司会を務め、「あのねのね」さんや淡谷のり子さんなどもレギュラー出演していた。『お笑いスター誕生!!』に出演している芸人を多く起用した番組だったから、俺たち「とんねるず」も選ばれたわけ。でも、お笑い番組へのレギュラー出演は初めて。このときの俺たちは、司会の三波さんをはじめとする諸先輩方への配慮もあって、いつものアドリブ芸は抑え気味にして、スタッフの指示通りに振る舞うようにしていた。

「ん？」

って思うことはいっぱいあったけどね。人の作品にのっかるときはのっかっていたんだ。それに、「大人たち」に素直に従って、勉強をさせてもらうのもいいなぁ、楽しいなとも思っていたしね。

何しろ、三波さんといえば、伊東四朗さんと戸塚睦夫さんの3人で、「てんぷくトリオ」を結成し、舞台やテレビのバラエティー番組を中心に活躍していた超大物。

「びっくりしたなぁ、もう」

といったギャグは流行語にもなったし、１９７０（昭和45）年12月に『笑点』（日本テレビ系）の3代目司会者にも抜擢《ばってき》されたほどのお人だ。そんな人たちと一緒にテレビに出られるなんて、それだけでも高ぶったよね。

でもまあ、いま思えば、もうちょっとはじけてもよかったのかもしれない。

『ダントツ笑撃隊!!』は、ほぼ同じ時間帯に放送していた『オレたちひょうきん族』や、『クイズダービー』『8時だョ！全員集合』（いずれもＴＢＳ系）に大きく水をあけられて、たった2か月、10回の放送で打ち切られてしまったからね。その理由について、新人の俺たちにはよくわからなかったけど、『ダントツ笑撃隊!!』は従来の演芸番組の枠を超えられなかったということらしい。これにより、同じ番組のレギュラーだった「コント赤信号」さんや九十九《つくも》一《はじめ》さんなどは、『オレたちひょうきん族』へと活躍の場を移していった。

「秀樹さん、着なくなったステージ衣装、全部ちょうだい！」

１９８１年５月から始まった土曜朝７時からの情報番組『モーニングサラダ』（日本テレビ系）にもレギュラー出演させてもらっていたって、前にも書いたけど、この番組で、メイン司会者の西城秀樹さんにかわいがってもらえたのは、本当にうれしかった。

仕事が終わったら、当たり前のように飯に連れていってくれたり、一緒にパブレストラン「昆」にもよく行った。相談をすれば親身になってアドバイスをしてくれたし、お宅にもお邪魔させてもらった。しかもそのときは、ステージ衣装や洋服、バッグをいただいたこともあった。いや、ステージ衣装に関しては、強引に持ち帰ったといったほうが正しいかな。

「秀樹さ～ん、もうこの衣装着ないでしょ？　だったら俺にちょうだい。それと、このピンクのブーツもね、いいでしょ」

っていうと、即ＯＫ。秀樹さんは男気があってやさしくて、何をもらっていってもダメっていわれたことも、怒られたこともなかった。

そんなわけだから、当時俺がパブレストラン「昆」で披露していた、秀樹さんのモノマネの際の衣装は、すべて秀樹さんの家からかっさらってきたステージ衣装だった。芸はマネでも、衣装は本物だったってこと。すごいでしょ。

コロッケが六本木に友人と開いたショーパブにも、よく秀樹さんと遊びに行った。秀樹さんは後輩のみんなにやさしくて、ああしろ、こうしろともいわずに、〝きっかけ〟をくれる人だった。コロッケもかわいがってもらっていて、この頃は、ちあきなおみさんや岩崎宏美さんなどの形態模写で一躍人気芸人となった彼が、歌マネにも挑戦するようになった時期だった。店が終わると熱心に練習をしていて、その様子を俺はよく見ていたっけ。

秀樹さんと親しくさせてもらっていたせいもあってか、秀樹さんの初代マネージャーだった秦野《はたの》嘉王《よしお》さんが、新しい事務所の「オフィスＡtoＺ」を設立する際、移籍しないかと声をかけてくれた。

俺たちもその頃、環境を変えて次のステップに進もうと考えていたから、渡りに船だった。そして１９８３（昭和58）年、「日企《にちき》」の預かりから正式に、オフィスＡtoＺに移籍。初めて事務所に所属することになった。だから、秀樹さん、秦野さん、日企の赤尾さんは俺たちに転機をもたらせてくれた恩人なんだ。

秀樹さんといえば、同世代のトップアイドルに郷ひろみさんもいて、俺は7年ほど前から郷さんとも仲よくさせてもらっている。きっかけは、長年お世話になっているスタイリスト界のボス、大久保篤志さん。大久保さんが郷さんの衣装も担当していたことから、３人でゴルフにいったり、お酒を楽しむようになったというわけ。

一度、郷さんを立ち飲み店にお誘いしたら、

「こういう店には来たことないなぁ、ジャパ〜ン!!」

なんて、目を白黒させていたっけ、ガハハ。

帰り際、

「郷さん、タクシーつかまえてよ」

と俺が頼むと、背筋をすっと伸ばし、片手をあげてポーズを決めると、

「タクシィ〜」

といって車を止めてくれたっけ。

カッコよくて、ノリもいい。郷さん、最高〜。ジャパ〜ン!!


ごめん、ごめん。話を戻そう。もうひとり、『モーニングサラダ』での出会いで大きかったのは、構成で参加していた当時23歳の秋元康さんだ。放送作家のコーシン（奥山侊《おくやまてる》伸《のぶ》）さんらにその才能を見出《みいだ》された秋元さんは、中央大学在学中から放送作家の活動を始め、この当時はすでにプロの放送作家として認められていた。

さらに放送作家の仕事だけじゃなくて、作詞まで手掛けていて、１９８２年にリリースされた稲垣潤一さんの『ドラマティック・レイン』（秋元康作詞・筒美京平作曲）などをヒットさせていた。

秋元さんは当時、業界人のたまり場だったＴＢＳ近くの喫茶店「ビッグ・ベン」に、師匠のコーシンさんたちといつもいて、ペンをくるくる回しながら原稿を書いていた。俺はいつもキョロキョロしているものだから、秋元さんのことを一緒に仕事をする前から見て知っていた。そんな秋元さんと仕事をするようになり、関係が40年以上続くことになるとは、思ってもみなかったけど。

秋元さんにはいまだ、〝撮れ高〟がほしいときや、やりたいことがあるときに連絡を入れちゃうんだよね。

最近も、放送作家の高須《たかす》光聖《みつよし》さんから、「笑」という文字《サイン》を書いてほしいっていわれたんだけど。なんか恐れ多くてさ、どうしようかって迷っちゃったのよ。だって高須さん、〝笑いのレジェンド〟たちにサインをもらうのが密《ひそ》かなライフワークだっていうわけ。これまでに、ビートたけしさん、タモリさん、明石家さんまさん、笑福亭鶴瓶さん、志村けんさん、立川談志さん、萩本欽一さん、「ダウンタウン」のふたりからもサインをいただいてきたってさ。

俺が高須さんからサインを頼まれたときはカメラが回っていたから、
「こういう流れは断ったほうがいいという教育できた。まだ引っ張れっていう」
なんて答えて、丁重にお断りしたんだけど。それでも高須さんの押しがすごかったから、その場で秋元さんに電話をして、意見を求めたんだ。そしたら、
「憲武がもっと売れてからサインしたほうがいいんじゃないの・・・。もうちょっと大物に

なってから」

って、プロの対応をしてくれた。俺はそのとき、小さなサインを書いて、高須さんに渡して、それで見逃してもらったんだけど、秋元さんのおかげでいいくだりが撮れた。

秋元さんは、俺が突然ふっても、その意味をわかってくれて、ほしい返しをしてくれるんだよね。だからありがたい。

そんな秋元さんの目に、俺はどんなふうに映っているのかと思っていたら、２０２３（令和５）年12月号の『文藝春秋』（文藝春秋）で、秋元さんがこんなふうに語っている記事を発見した。

――（重要な会議に憲武はいなくて）どこかで遊んでたんじゃないかな。打ち合わせが嫌いな人だから（笑）。でも、本番、やってみると、打ち合わせに参加していたんじゃないかって思うくらい、完璧にこなして圧倒的な笑いをとってしまう。貴明は、理屈で笑わせるけど、憲武は理屈抜きで笑わせる――。

こんなコメントもありがたいねぇ。

「壊すなよ」は「壊せ」ってことだった

日企の預かりだった頃は、日本テレビ系の番組によく出演させてもらっていたんだけど、オフィスA to Zに移籍してからは、フジテレビ系の番組への出演がメインになっていった。ありがたいことに、俺たちのそれまでの活躍を見て、おもしろいと思ってくれた秋元さんや、当時フジテレビの制作部門にいた港さん、荒井さん、笠井さんらが、移籍と同時に俺たちのレギュラー番組を用意して、待ち構えてくれていたの。それが、１９８３年４月２日に放送が開始された深夜の生放送番組『オールナイトフジ』だ。

初代司会者は秋本奈緒美さんと鳥越マリさん。プロデューサーは、『とんねるずのみなさんのおかげ』シリーズも担当することになる〝ダーイシ〟こと石田弘さん（現・エグゼクティブプロデューサー）、そしてディレクターが港さんだった。

俺たちはこの頃、石田さんや港さんといった「大人たち」が用意してくれた舞台に、

「さぁ、行ってこい」

「暴れろ！」

と出してもらって、彼らが求めるものは何かを読み取って期待にこたえ、アドリブで笑いをとっていた。深夜番組だから過激な下ネタを炸裂《さくれつ》させてね。スタジオではセットに上ったり照明に上ったり、ところ狭しと暴れ回ったよ。港さんは俺たちをノセてくれるし、スタッフも観客も視聴者もみんな若者だったから、俺たちの笑いは大歓迎された。

ここでの笑いのとり方が、とんねるずの芸風の根本《こんぽん》になっていったんじゃないかな。


いまだに当時の俺たちの暴れっぷりで話題にあがるのが、『オールナイトフジ』の１９８５（昭和60）年1月19日放送でのハプニング。覚えている人も結構多いんじゃない？貴明がテレビカメラを何度も揺すっているうちに、台ごと倒して壊してしまったあの事件。正直、あれは本当に焦ったね。なんせ当時のテレビカメラは一台１５００万円もしたんだから。

この日、俺たちは番組で、1か月前の１９８４（昭和59）年12月5日に発売されたニューシングル『一気！』（秋元康作詞・見《み》岳《たけ》章《あきら》作曲）を歌っていた。貴明は歌唱中、いろいろなパフォーマンスを見せていたんだけど、何を思ったのか、スタジオに設置されていた４台のテレビカメラのうちの１台に向かって突進。引っ張るように揺すって、台ごと倒し

てしまった。後のＶＴＲには、

「ぼう然とするとんねるず！」

ってテロップが当てられていたけど、本当にぼう然とした。貴明は後ずさって俺の腕をつかみながら後ろに隠れようとするものだから、俺も後ずさっちゃったよ。

慌ててスタジオにいたカメラマンたちが駆け寄って倒れた台を起こすものの、カメラは破損。観客の女の子たちは、やらせなのか、本物の事故なのかわからないといった微妙な笑顔を浮かべつつ、それでも、

「一気、一気」

と掛け声をかけ続けてくれていた。

俺はマジで焦って、

「おい、知らねえぞ。お前、シャレになんねえぞ、あれ」

なんてつぶやいちゃったし、貴明は言葉を失っていたっけ。

最終的に修理代の８００万円は保険でまかなわれたらしいんだけど、しばらくの間は、この場面が伝説のＮＧ名場面として繰り返し放送されることになった。アクシデントなのに伝説になった。

あのときは関係各所のみなさん、本当にすみませんでした〜！

でもさ、笑いをとるための〝悪ふざけ〟は、境界線が難しいんだよね。当時の〝お約束〟として、スタッフから、

「あそこには上るなよ」

といわれれば、上れってことだし、

「壊すなよ」

といわれれば、壊せってことだったのよ。

俺たちはスタッフから、そして視聴者から、何を求められているのか――役割を見極めてアドリブでこたえようとやる気満々だった。当時はそういうスタイルで番組を作っていたから、どこまでやるべきかは、お叱りを受けつつも、とりあえずその場のノリと勢いで、とりあえずやってみる――。

これでたくさんの笑いもとれたけど、諸先輩方やスタッフ、視聴者のみなさんからはだいぶお叱りも受けちゃった。でもさ、あれもこれも、やってみなくちゃわからないのよ。

おそらく、ほかのお笑いタレントだったらありえないことも、とんねるずには許されちゃ

う。とんねるずならＯＫ!!　そこがいい感じ、とんねるず!!

俺たち歌手になっちゃったの？

話がすこし戻るんだけど、俺たちはこの頃、『一気！』で本格的に歌手デビューしていた。というのも、秋元さんが当時、

「これからのお笑い番組には、コントだけではなく、音楽も必要だ」

って考えていたから。それで『オールナイトフジ』の出演者に番組内で歌を歌わせ、よく歌手デビューをさせていた。たとえば、番組に出演していた女子大生から生まれた３人組ユニット「おかわりシスターズ」（山崎美貴さん・松尾羽純さん・深谷智子さん）は『恋をアンコール』（峰岸未来作詞・佐藤準作曲）で歌手デビューしていた。

そんな中で、俺たちも歌手デビューすることになったわけ。とはいえ、俺たちはすでに、１９８１年に、アニメ『新・ど根性ガエル』（日本テレビ系）のオープニングテーマ『ピョン吉・ロックンロール』（横浜銀蝿作詞・作曲）をリリースし、翌年には『ヤバシびっ

ちな女《め》デイト・ナイト』（渋谷蒼吉作詞・馬飼野康二作曲）を出していた。だから正確にいうと、デビューはすでにしていたことになるんだけど、とにかく、新しい事務所の社長の秦野さんも、秋元さんも、俺たちをこれまでにはないようなお笑いタレントに育てたかったみたい。

「髪型はもっとサイドをスッキリさせたほうがいいかもね」

「ジャケットは大きめの感じで……」

なんてさ、ファッションやヘアスタイルにも気をつけるようにいわれて、芸人としては珍しく、スタイリストやヘアメイクまでつけてもらった。

それまでファッションに無頓着だった俺も、その頃のＤＣブランドブームにのって、さまざまな服を着せてもらったり、いただいたりもした。

当時は、ＤＣブランドの聖地とされたラフォーレ原宿や渋谷パルコなどには、おしゃれで、スタイリッシュな服がずらりと並んでいて、そういうブランドものの服が大流行。俺は、アイビーファッション「ＶＡＮ」やトラディショナル風スタイルの「ＪＵＮ」をはじめ「パーソンズ」「フランドル」などのショップによく顔を出していた。

『夕やけニャンニャン』（フジテレビ系）で「おニャン子クラブ」たちがおそろいで着ていた「セーラーズ」の服は何時間も並ばないと買えないほどの人気で、芸能人がテレビで着れば、それと同じものが飛ぶように売れていたっけ。

「とりあえずシャレで出してみる？」

というひと言で、秋元さんが初めて作詞をしてくれてできあがったのが『一気！』だった。作曲は、後に美空ひばりさんの名曲『川の流れのように』を作曲した見岳章さんが手掛けてくれた。

〈♪押忍！　帝京高校出身、東武東上線、成増在住、石橋貴明！〉

〈♪押忍！　祖師ヶ谷大蔵下車、徒歩18分、木梨サイクル長男、木梨憲武！　一気、いかせていただきます！〉

のセリフから始まり、バンカラ高校の応援団さながらのノリで、声高に「一気！」を繰り返して盛り上げる。

ヒットなんてまったく期待していなかったのに、オリコンチャートで最高19位を記録して、翌１９８５年の全日本有線放送大賞上半期新人賞までいただいたときには、俺たち自身が驚いちゃったね。

とんねるずに、こうした音楽活動の話がきた背景には、１９８０年代のアイドルブームを受けて、音楽番組が大流行したこともあげられると思う。特に大人気だった番組が、『夜のヒットスタジオ』（フジテレビ系）、『ザ・ベストテン』（ＴＢＳ系）、『ザ・トップテン』（日本テレビ系）で、このほか『ＦＮＳ歌謡祭』（フジテレビ系）、『ミュージックステーション』（テレビ朝日系）などもあった。

テレビをつければ、どのチャンネルにもアイドルが出演していて歌とパフォーマンスを繰り広げている――そんな時代だったんだよね。

『一気！』のヒットをきっかけに、俺たちの音楽活動は盛んになっていって、それこそ、アイドルみたいに音楽番組で歌い、芸能雑誌の表紙を飾ったこともあった。

１９８５年には、またも秋元×見岳コンビによる『青年の主張』と『雨の西麻布』を発売。そのＰＶ（プロモーションビデオ）を手掛けたのが、いまや高名な映画監督の堤《つつみ》幸彦《ゆきひこ》さん!!　堤さんは当時、『コラーッ！　とんねるず』（日本テレビ系）の演出も担当してくれていた。

『雨の西麻布』は、『ザ・トップテン』で初めて1位を獲得したほか、オリコンでは5位（週間）を記録。ＦＮＳ歌謡祭特別賞、全日本有線放送大賞最優秀新人賞、日本有線大賞最優秀新人賞、全日本歌謡音楽祭話題賞などの音楽賞を総なめにしちゃった。

「え〜、俺たち歌手になっちゃったの？」

「なんか、アイドルみたいじゃん」

なんて、俺たち自身も思ってもみなかった怒涛《どとう》の展開にワクワクしちゃったよね。

でも、そこはやっぱりとんねるず。俺たちが歌謡番組に生出演すると大騒ぎになることもあった。

１９８５年10月17日に放送された『ザ・ベストテン』の４００回記念回のときのこと。

俺たちは、日本平（現在の静岡市）で生放送の撮影をしていて、スタッフが担ぐ演出用の御輿《みこし》に乗って、客席を通ってステージに向かうことになっていた。しかし、この御輿に観客が殺到。俺たちの衣装を引っ張るなどして、御輿に乗るのを妨害しちゃったわけよ。転倒しそうになって、マジで危険だった。結局貴明は御輿に乗れず、観客につかみかかる事態になった。

「てめぇら最低のヤツだ。お前ら」

って、ステージ上でも貴明は怒鳴っていた。

貴明はよく怒るキャラクターって見られていたみたいだけど、貴明の怒りはいつも間違っていない。

お茶の間でテレビを見ている人は、とんねるずがまた暴れている、って思ったかもしれないけど、俺たちの場合、その芸風からか、生放送中に観客からつかみかかられるケースが多々あって、これが本当に危ない。盛り上げてくれるのはありがたいんだけど、そうしている間に高ぶりすぎて、歯止めがきかなくなっちゃう。それこそテレビカメラが壊されたり、けが人が出る可能性だってあるし、俺たちにしてみれば、ステージに上がらせてもらえなければ、パフォーマンスだってできないでしょ。

この２日後に放送された『オールナイトフジ』には、番組宛に苦情電話が殺到したみたいだけど、俺たちだって命がけで出演していたのよ～。いまだからいえるけどね。まぁ、これまた伝説っと！

とまぁ、危ないことが多々あったのはたしかだけど、たいていの場合は〝貴明に殴られ

るのがステータス〟といわんばかりに、からんでくるファンが多かった。いまだに道を歩いていると、

「俺、高校生のとき、タカさんに殴られました。うれしかったです」

なんていってきてくれる人もいて、

（貴明にいってあげて〜）

なんて思うこともあるけど、こういうことを覚えているファンがいまでもいてくれるってことは、もちろんありがたい！

「おニャン子クラブ」方面

音楽活動を本格的に始めた１９８５年は、俺たちにとって躍進の年といってもいいんじゃないかな。『オールナイトフジ』のワンコーナー「女子高生スペシャル」を土台にした新番組『夕やけニャンニャン』が始まって、メインパーソナリティーの吉田照美さん、片岡鶴太郎さん、大竹まことさんたちと一緒に、俺たちもレギュラー出演させてもらえることになった。

『夕やけニャンニャン』にはいろいろなコーナーがあった。たとえば、とんねるずのマネージャー・ボブ市川が視聴者と腕相撲対決をする「ボブに挑戦・ニャンニャン腕相撲」や、自分の学校の自慢合戦に勝ったら校歌が歌える「甲子園に行かなくても校歌が歌えるコーナー」などなど……。

中でも注目されたのが、おニャン子クラブのメンバーを選定するオーディションコーナー「ザ・スカウト アイドルを探せ！」だった。

おニャン子クラブのメンバーには、それぞれ会員番号がついていて、会員番号12番以降が番組オーディションの通過者だった。

この番組の中での、俺たちの役割といえば、自分たちのネタをやって周りを盛り上げるというよりも、おニャン子クラブの女の子たちをいじって、笑わせたり、ときに怒らせたり、泣かせたりして、さまざまな表情を引き出すことにあった。

そういえば、おニャン子クラブの会員たちが自分の写真パネルを選挙ポスターみたいに並べて、貴明と俺が彼女たちについていいたい放題で、〝評価〟するなんてこともあったね。結構ひどいこともいったよ。

「こいつの背中はブツブツで、最近はしみがすごくて……」

「こいつなんか、最近、調子にのりすぎだね」

などなど。女の子のパネルをたたいてボコボコにしたり、破ったりすることもあった。いまならいじめのようにとらえられるかもしれないけど、当時はこれで観客は盛り上がったし、話題にしたおニャン子メンバーの注目度も増した。つまり、いじられたほうがおいしかったんだよね。それに、アイドルたちも負けていなかった。

「ホント、頭にきた、私のどこが天狗《てんぐ》になっているっていうのよ」

なんて反撃してくるもん。

とんねるず流の過激な〝いじり〟で個性を発揮し、光る女の子たちもいたわけよ。

俺たちもこのとき、〝場を回す〟という経験ができて、その後の『ねるとん紅鯨団』（フジテレビ系）などで生かされることになった。『ねるとん紅鯨団』の構成を担当していたのは、テリー伊藤（このときは伊藤輝夫）さん。テリーさんも港さんと同じで、これがおもしろいとなれば、口から泡を飛ばしながら、

「行くぞー!!」

と熱く引っ張ってくれるタイプ。こういう人たちがその時代のエンターテインメントの枠組みを作って、そこに俺たちが参加させてもらっていた。恵まれていたよね。

『オールナイトニッポン』と念願の牛丼

１９８５年といえば、念願だった深夜のラジオ番組『とんねるずのオールナイトニッポン』（ニッポン放送）への出演が決まった年でもある。

局のアナウンサーがパーソナリティーを務めていた１９７０年代初めの『オールナイトニッポン』と違って、１９８０年代は、ビートたけしさんや所ジョージさん、タモリさん、明石家さんまさん、松山千春さん、中島みゆきさん、笑福亭《しょうふくてい》鶴光《つるこ》さんなど、さまざまなジャンルの人がパーソナリティーを担当していた。

下ネタもあり、悪口もあり。テレビよりも自由に話せる場だったから、俺たちにこんなにしっくりくる場所はないと思ったんだ。なんとしてでも、この番組のパーソナリティーになりたかった。

『お笑いスター誕生!!』に挑戦中だったときから、『オールナイトニッポン』のオーディションを受けていたし、タモリさんが収録しているスタジオに遊びに行ったこともあった。当時タモリさんは『お笑いスター誕生!!』の審査員をやっていて、その縁で、
「スタジオに遊びに来てもいいよ」
と誘ってもらえたんだ。

だから、俺たちがいくつか番組に出演するようになって、ニッポン放送からオファーがきたときは、かなり高ぶった。この頃すでにラジオのパーソナリティーは経験済みで、文化放送の『新てるてるワイド 吉田照美のふッかいあな』内で「とんねるずの二酸化マンガンくらぶ」という10分の帯番組をもたせてもらっていた。

でも、ニッポン放送側の話をよくよく聞いてみると、午前1時からの「1部」じゃなくて、午前3時から5時までの「2部」での出演だっていうじゃない。2部といえば、当時は世間でその名を知られていない新人枠。そのときの俺たちは23歳でレギュラー番組ももっていたからどうしても1部に出演したいと思っていた。だから仕方なくこのオファーは断り、ちょうど同じタイミングでオファーが来ていたTBSラジオの『スーパーギャングに出演することにした。そしたら、ニッポン放送から再度オファーが来て、今度こそ

1部への出演依頼だった。いやもう、本当にうれしかった。

深夜ラジオといえば、受験勉強中などの若者が主なリスナーだったから、話題には事欠かなかった。

テレビ収録の際のアイドルの素顔や裏話、スタッフに関するマニアックな内輪ネタで盛り上がった。マネージャーのボブ市川や、帝京高校サッカー部時代からの親友の吉野晃章《てるゆき》もよく出てくれて、俺たちの隣で大いに、ネタと笑い声を提供してくれたっけ。

ニッポン放送のある有楽町界隈《かいわい》は、深夜ともなると弁当や出前を頼める店があまりなくて、牛丼くらいしかお願いできなかった。だから、お腹がすいたらよく牛丼を食べていたんだけど、この牛丼はさ、タモリさんも食べていたんだよね。俺たちがタモリさんのスタジオにお邪魔したとき、食べているのを見ちゃったんだ。だから、初めて食べたときは、

（タモリさんと同じだなぁ……）

なんて、妙なところで、パーソナリティーになった実感をかみしめたこともあった。

『とんねるずのオールナイトニッポン』には、〝お嬢〟こと美空ひばりさんが、ゲストで

来てくれたこともあったんだ。

なぜ、昭和を代表する歌謡界の女王がとんねるずの番組に？　しかも深夜のラジオ放送に？

実は、先に声をかけてくれたのは、ひばりさんだった。

『夜のヒットスタジオ』の収録後、ひばりさんは俺たちを代官山の自宅に呼ぶと、

「あんたたち、なんでちゃんと歌わないの」

といって、自分のライブビデオを流して俺たちに見せてくれた。

きっと「もっとまじめに歌いなさい」というメッセージだったんだろうな。『夜ヒット』が終わってからのひばりさん宅だから、あっという間に深夜3時を回り、その間、ひばりさんは休むことなくごはんを作ってふるまってくれた。

（やさしかったなぁ。ありがとう、オジョー！　ライブビデオ早送りしてすみませんでした⁉）

これをご縁にかわいがってもらって、西麻布のひばりさん行きつけの店で、『悲しい酒』（石本美由起作詞・古賀政男作曲）を歌ってくれたこともあったっけ。

こうした流れからの『オールナイトニッポン』登場となるわけなんだ。

紅白歌合戦で「NHK出禁」？ハァ？

　１９８５年に行われた『とんねるず世直し行脚コンサート』をはじめ、この頃からライブやコンサートも行うようになっていった。１９８９（平成元）年には、東京ドームで５万人ライブ『とんねるず NO TEUCHI』も行い、変な言い方だけど、とんねるずという存在は、当の俺が追いつけないほど「先を走ってるなぁ」と感じられることがよくあった。

　ライブに来てくれるファンのみんなは、最初、男ばかりだったのに、だんだんと女の子が増えて、歓声も野太い声から、

「キャーッ！」

という黄色い声に変わっていった。俺たちがステージに上がるだけで、キャーキャーいってもらえて、

（オイオイ……）

と、我ながら驚いたよね。そうなりたかったし、そうなるためにがんばってきたのに、実際に大歓声を浴びると、それが自分たちに向けられたものであるとは信じられなくて、

「これは俺たちとんねるずへの歓声なんだよな、そうなんだよね」

と、自分で自分を納得させようとしたくらいよ。とんねるずが想像の先に行きすぎて、自分がすこしだけ、置いていかれた気になっちゃったのかな。

忙しさは年々増していったね。１９９１（平成３）年５月29日には、俺たちの代表曲となる『情けねえ』をリリース。これはとんねるずにとって17枚目のシングルで、コミカルな曲が多かった俺たちには珍しく、社会に対して問題を提起する曲だった。

前年に、イラクによるクウェート侵攻が始まり、湾岸戦争が勃発。そんな世界情勢の中で、手をこまねいているだけの日本を、

〈♪暖かい陽《ひ》だまりで　眠ってていいのかい〉

〈♪遠い国のふしあわせ　対岸の火事なのか〉

〈♪情けねえ〉

という秋元さんの言葉にのせて歌った。

この曲で、日本歌謡大賞の大賞をいただき、念願の『ＮＨＫ紅白歌合戦』の出場も果たした。

『雨の西麻布』をリリースした頃から、俺たちにとって紅白は目標だったから、『とんね

るずのみなさんのおかげです』でも、紅白出場を決めるまでのくだりをコントに仕立てたほどだ。俺たちだけじゃなくて、フジテレビのスタッフや陣営のみんなも喜んでくれたのがうれしかったな。

紅白の晴れの舞台、俺は体中を真っ赤に塗り、貴明は真っ白に塗って、アフロのかつらをかぶってパンツ一丁で出演した。そして背中には、

「受信料を払おう」

の文字。この演出や文字は貴明が考えて、もちろんＮＨＫの許可もとった。なのに、翌日にはそれなりのお叱りをいただき、

「とんねるずはＮＨＫを出禁《できん》になった」

なんて噂《うわさ》も流れたみたいだね。でも、真相はそんなことないのよ。ＮＨＫ側もわかったうえでの演出だったし、その後も俺たちはＮＨＫに出演させてもらっているんだから。この場を借りて、誤解を解くね。

ハワイで加藤茶さんと志村けんさんと

１９８０年代以降、俺たちも芸能界で名前が知られるようになって、それこそ、子どもの頃から憧れだった芸能人に会えるようになっていった。テレビで活躍できるのはもちろんうれしかったけど、憧れの人たちに会えるっていうのが、ご褒美というか、芸能人になってよかったー!! って思えたことのひとつだよね。

たとえば、子どもの頃、テレビにかじりついて見ていた番組のひとつに、「ザ・ドリフターズ」の『8時だョ！全員集合』（ＴＢＳ系）があったんだけど、放送開始が１９６９（昭和44）年だから、俺が7歳のときかな。毎週土曜日の夜8時になると決まってこの番組にチャンネルを合わせていた。俺にとってザ・ドリフターズはまさに大スターだった。

だから、俺と貴明が１９８６（昭和61）年にフジテレビの特番で、ザ・ドリフターズのメンバーとハワイのホノルルに行って、フルマラソンを走ることが決まったときには飛び上がるほどうれしかった。

マラソンの前の晩には、加藤茶さんと志村けんさんが、

「一緒に飲もう」

と誘ってくれた。俺はすっかり興奮して、マラソンのために早めに寝て、コンディションを整えようなんて気持ちは吹っ飛んでしまったね。それよりいま、こうして憧れのおふたりと過ごせる時間を大切にしたいと思ったわけ。

午前3時には起きて集合場所に向かわなきゃいけないのに、調子にのって午前1時まで飲んでしまった俺は、マラソンコースの20㎞地点から足の痛みと脱水症状に悩まされることになった。リタイアだけはなんとか免《まぬが》れたけど、ゴールするまでに6時間以上もかかっちゃった。でも、これを機に志村さんとはバーやスナックなどで会えば、同席を許してもらえる仲になったからヨシとしておきたい。

あるとき、志村さんとビートたけしさんが個室で飲んでいる場面に遭遇したこともあった。ふたりのレジェンドが一体何を話しているのぉ――知りたい気持ちが抑えられなくなった俺は、ためらいながらもあいさつに行って、

「そっちのテーブルに行ってもいいですか？　ダメですか？　お邪魔になっちゃいますでしょうか？」

なんて聞いた。するとふたりとも、

「そんなことないから、こっち来いよ」

といってくれて、同席させてもらったことがある。そのときはおとなしくふたりの話を聞いていたんだけど、ひたすら、
（スゲエ）
と思っていた。


俺と酒を飲むときに、志村さんが決まってかけてくれた言葉がある。

「憲武はいいよなぁ〜」

だ。その真意はわからないんだけど、認めてもらえたようでうれしかったな。

志村さんは笑いを緻密に作り上げる人で、楽屋なんかでは静かに、長いこと台本を書いたり練ったりしていたし、リハーサルや練習も入念に行っていた。

俺に対して、「いいな」っていってくれたけど、

「もっとこうしたほうがいい」

というような説教じみたことをいわれたことは、一度もなかった。

説教じみたことをいわずに、いつも温かく接してくれたのは加藤さんも同じ。加藤さんには、２０２２（令和４）年、俺が東京フィルハーモニー交響楽団と共演したステージ『木梨憲武 交響楽団 THE CURTAIN CALL SHOW』（上野・東京文化会館）に、スーパー・スペシャル・ゲストとして登場してもらったことがある。

最初は当日、観客として見に来てもらう約束をしていたんだけど、

「加藤さん、どうせ来てくれるなら、一緒にステージに立ってくださいよ」

って俺から直接、出演交渉をしてみたわけ。そうしたら、

「いいよ」

とおだやかな笑顔で快諾してくれた。スゲエ！ 当日は、ドリフ時代のひげダンスや、ラテン音楽の『タブー』（マルガリータ・レクオーナ作曲）にのって身をくねらせながら、

「ちょっとだけよ。あんたも好きねぇ」

といった往年のギャグを披露してくれて、おかげで会場はドカンドカン盛り上がった。俺が子どもの頃に見ていた、あの頃のままの加トちゃんがそこにいて、すごく感激した。

終演後の加藤さんの言葉がまたよくて、

「今日は楽しかった。ありがとう。やっぱり音楽や笑いのプロたちとエンターテインメン

トをやるのがいちばん楽しい。憲武がうらやましいよ。また呼んでくれよな」って・・・・。こんなにありがたいことはないでしょ。俺こそぜひまた共演したいと思っています。幸せモンです、俺！

「仮面ノリダー」と「ライオネル リチ男」

ごめんごめん、憧れの先輩たちの話となると高ぶっちゃって、話がすこしそれたかな。元に戻そう。

『オールナイトフジ』や『夕やけニャンニャン』に続き、１９８７（昭和62）年に『ねるとん紅鯨団』が話題になって、１９８８（昭和63）年、いよいよ『とんねるずのみなさんのおかげです』がレギュラー番組になった。

渡辺満里奈ちゃんやキョンキョン（小泉今日子ちゃん）、「チェッカーズ」をはじめ、宮沢りえちゃん、観月ありさちゃん、ともさかりえちゃんといった、当時の人気アイドルにレギュラー出演してもらってコントを披露した点でも話題になったけど、ノリ子、ノリユキ、小港さん、サブ北島、ひろし５木、森進一郎、みのりもんたといった、俺のモノマネキャラたちも好評だった。俺も演じていてとても楽しかったな。

「仮面ノリダー」も思い出深い。いわずと知れた、特撮ドラマ『仮面ライダー』シリーズのパロディーなんだけど、本家本元で立花藤兵衛（おやっさん）を演じた俳優の小林《こばやし》昭《あき》二《じ》さんに、同じ役で出演していただき、オープニングナレーションも本家と同じ、中江《なかえ》真《しん》司《じ》さんに担当してもらうというこだわりようだった。敵役のファンファン大佐をベテラン俳優の岡田眞澄《ますみ》さんが演じたことでも注目されたっけ。

　高校時代から『仮面ライダー』のモノマネを十八番《おはこ》としていた俺は、主役の仮面ノリダーを楽しく演じていたわけだけど、何しろ爆破シーンが多いのには困ったね。現場は安全第一で、何度もリハーサルを重ねるんだけど、港さんが大盤振る舞いであちこちに爆薬を仕掛けるもんだから、まあまあ運動神経のいい俺でも、

「ヤバイ！　吹き飛ばされる」

と、ときに命の危険を感じることもあったのは、マジな話。

　これほど予算をかけられたのは、あの時代だからこそであり、港さんやスタッフにはいま思うと感謝しかないんだけど、当時は笑いをとるのに命がけだったのよ。

もうすこしだけ、港さんが用意してくれた、スゲエ舞台の話をしちゃおうかな。

あれはたしか、１９８７年10月13日オンエアの『とんねるずのみなさんのおかげです』（火曜ワイドスペシャル版）の中でのこと。マイケル・ジャクソンの名曲『ＢＡＤ』のパロディーＰＶを撮影しようという企画があがったんだよね。この曲のマイケルのＰＶは９月に日本公開したばかりで、オリコン洋楽チャートでは９月28日付から通算３週１位を獲得していた。

「話題作のパロディーをどこよりも早く見せられたら、誰もやっていないことだし、おもしろいよな」

　ってそんな話をスタッフたちとしていて、すぐに決まった企画だ。当時は酒場での雑談がそのまま企画になることも多かったんだよね。

　マイケル役は俺、貴明はライオネル・リッチーをマネた「ライオネル　リチ男」に扮《ふん》し、話が出た数日後には撮影にかかっていた。

　時間がない中、マイケルと同じ衣装とメイク、舞台セット、外国人バックダンサーをそろえ、振り付けもコピーした。ＰＶ映像の左下には、本家マイケルのＰＶ映像を小さく入れて、比較できるようにもしたから、半端なことはできなかった。NG集も含めた約4分のPVのために、かなりの手間と費用をかけ、朝までかかって撮影したんだけど、この舞台を短い時間で用意してくれたのも港さんだったわけ。

「かまわない、どんどん行け」

と俺たちを高ぶらせ、スタッフには、

「早くしろ！」

とはっぱをかけて、最高のステージを整えてくれた。おもしろいものを作るためだからって、テレビ局の上層部を説得してくれたんだと思う。

この時代、俺たちはほとんど寝ないで仕事をし、そして寝ないで遊んでいた。

そんな港さんだから、2022年にフジテレビの代表取締役社長になったときには、俺はもちろん、港さんとかかわったタレントやスタッフ全員が就任を喜んだし、TBS、日本テレビ、テレビ朝日など、各局からも心のこもった祝辞が届いたと聞いている。

港さんはいまも、自らあんパンの差し入れを持って、「どうだ？」なんて聞きながら、バラエティーの撮影現場をすべて回っているんだって。もちろん俺たちの現場にも顔を見

せては、

「どんどん行けよ」

　といつものようにもり立ててくれる。現場のスタッフの大切さもよくわかっていて、偉ぶることなく鼓舞《こぶ》してくれる。そんなできる人を周囲が放っておかないのは当たり前。

　俺はずっと港さんを、とんねるずのものだと思っていたけど、それがバラエティーの港さんになって、いまやフジテレビみんなの港さんになったんだね。全体を見守る港さんになったってわけ。

　でもさ、昔は、

「どんなに金がかかっても、おもしろいならやれ」

　っていっていたのに、いまじゃ、

「あんま金使うなよ」

　なんていうようになったから、それはそれで大笑い。

「野猿」——「とんねるず」の真骨頂

『とんねるずのみなさんのおかげです』を踏襲する形で、１９９７（平成９）年６月26日から新たに『とんねるずのみなさんのおかげでした』が始まった。この番組では、「全《ぜん》落《らく》・水落《すいらく》オープン」や「新・食わず嫌い王決定戦」、「博士と助手 細かすぎて伝わらないモノマネ選手権」などが人気コーナーとなって、長いことやらせてもらった。

『みなさんのおかげでした』での思い出を語るうえで外せないのは、なんといっても、俺と貴明、そしてスタッフ９名の計11名で結成した音楽ユニット「野猿」かな。

　メンバーはアクリル装飾、衣装、大道具、特殊効果、スチールカメラ、カメラクレーンなどを担当していた裏方さんたちで、最初は、

「１曲ぐらい出せればいい」

　くらいにしか考えていなかったんだよね。結成はノリと勢いがきっかけ。でも意外なほどの反響で、その活動は１９９８（平成10）年から２００１（平成13）年まで続いた。

　３年間にリリースされた11枚のシングルは、デビューシングル『Ｇｅｔ ｄｏｗｎ』（秋

元康作詞・後藤次利作曲）を含め、すべてオリコンチャートトップ10入り。横浜アリーナや日本武道館なんかでライブを開催したほか、ＮＨＫ紅白歌合戦にも１９９９（平成11）年から２年連続で出場した。とんねるずとしての紅白出場は、１９９１年の『情けねえ』１回だったのに、ねえ……。

　野猿のライブで、何万人ものファンを前にしたときの興奮は、いまでもはっきり覚えている。忘れられないよね、あの高ぶりは。それまでも、とんねるずとしてライブは行っていたんだけど、グループでやるのって、また違う感慨深さがあるんだよね。

　最初は歌もダンスも素人だったメンバーたちが、ダンス＆ボーカルグループ「ＴＲＦ」のメンバーＳＡＭさん、ＥＴＳＵさん、ＣＨＩＨＡＲＵさんに振り付けをしてもらって練習を繰り返して、ライブの数をこなすほどに自信をつけていく様子は、見ていて頼もしかった。

　というか……ライブでは俺が歌っているのに、観客の女の子たちはみんな、同じくボーカルだったテル（アクリル装飾担当の平山晃哉《てるちか》）とか、カン（衣装担当の神波憲人《かんなみのりひと》）ばっかり見ているもんだから、正直寂しかったり、悔しかったりもしたんだけどね……。

テルとカンは歌がうまかったから、実は収録のとき、俺と貴明の声がちっさく抑えられて、テルとカンの声が中心に構成されていたんだよ。ＣＤをお持ちの方は、ぜひ聴き直してみてほしい。

あっ、でも待って、気づいていないんだったら、そのままで――。改めて聴き直さなくてもいいよ！

しかしまあ、楽しかったな。横を見れば、懸命に歌って踊る仲間たち。その額に光る汗……。普段から裏方でお世話になっている仲間たちが、表の世界でも光り輝いて、より深い絆《きずな》を感じられた。スタッフと一体になって番組を作り上げるスタイルのとんねるずの真骨頂だったように思うんだよね。

「ありがとう」と「さようなら」

ここまで、俺たちとんねるずの足跡を書かせてもらったわけだけど、実はとんねるずには3人目のメンバーともいうべき仲間がいたんだよね。それが帝京高校の同級生で、同じサッカー部だった放送作家の吉野晃章だ。すでに何度か書いているよね。

　高校時代から俺はもちろん、貴明とも仲がよくて、服を買いに行くのもディスコに行くのも一緒だった。吉野はサッカー部では埋もれていたんだけど、ダンスがうまくてさ、ディスコに行けばセンターで踊って、すごく目立っていた。『TVジョッキー』（日本テレビ系）に俺がひとりで出たときも、マネージャーのように付き添ってくれて、誰よりも大声で笑ってくれた。

　高校卒業後は、テントシートを取り扱う会社に就職して、サラリーマンをしていたんだけど、仕事の合間を縫って、よく俺たちのコント作りの相談にのってくれた。俺たちのアイディアを吉野がメモをとりながら聞いてくれて、それをもとにアドリブを加えてネタを形にしていった。

「あの先生の口癖とか、雰囲気を取り入れたらどうだろう」

　といえば、

「じゃあ、こんなふうにしようか」

　なんてね。さすが同級生！　説明せずにわかってくれるので、話も早くてありがたかった。

『とんねるずのオールナイトニッポン』では、途中から番組収録にまで参加して、ここで

もよく笑ってくれた。笑い要員よ。俺たちが何をいっても、

「最高！」

っていってくれるの。ハガキ職人たちのマネジメントも放送作家とのダブル体制でやってくれたからありがたかった。吉野の笑い声のトーンがまた心地よくて、その声が隣にあるかないかで俺たちのテンションはかなり違ったね。デビュー当時は俺たち以外、周りのスタッフはみんな「大人たち」。秋元さんだって4歳年上だ。そんな中に、同じ年のしかも同級生がいるのは本当に心強かった。

いまだに俺は、ラジオ収録のとき、スタジオの扉を開けたままにして、スタッフたちの笑い声が聞こえるようにしているんだけど、それは、笑い声が近くにある安心感を、吉野が教えてくれたからかもしれないなぁ。

俺たちの現場にしょっちゅう付き添ってくれた吉野は、自然の流れで秋元さんとも顔を合わせるようになったから、貴明が秋元さんに吉野を紹介した。その縁もあってか、吉野は秋元さんの下について放送作家の勉強をするようになって、以後、とんねるずの番組のほとんどにかかわってくれるようになった。

地方ライブにまで、吉野は同行してくれた。歌手のユーミン（松任谷由実さん）が毎年、

新潟の苗場スキー場でライブをやっているのがうらやましいと、貴明が大人たちに直談判し、俺たちも１９９１年から、『とんねるずのこんと　いん　なえば』をやらせてもらえることになった。

ところがどっこい当日は大雪。新幹線が止まっちゃって、途中で降りてタクシーで移動することになった。本来は午後8時から始まる予定だったのに、着いたのは11時。当然、リハーサルをする時間はない。吉野は俺たちのタクシーに一緒に乗って、コントの打ち合わせからセリフ確認まで、付きっ切りでやってくれた。おかげで、到着後すぐにぶっつけ本番で舞台に立っても、無事に乗り切れたんだよね。ライブは成功に終わって、その後10年も続けさせてもらえることになった。トラブル時にも吉野がいてくれるだけで本当に心強かった。

吉野とは、ずっと一緒にやっていけると思っていたんだけど、２００４（平成16）年、あいつはこの世を去った。まだ42歳だった。

その3年前に吉野は健康診断を受けていて、

「どうやら数値がおかしいらしい」

と、俺はヒロミから聞いていた。

当時の俺たちは、毎日のように朝まで仕事をする生活だったから、数値がおかしいなんて当然だろう、関係ねえって思ってたんだけど、再検査後の病名をヒロミから聞いて愕然《がくぜん》とした。白血病だった——。

思わずヒロミに、

「え？　吉野、死ぬの？」

と聞き返したことを、いまでもよく覚えている。

当時、吉野はヒロミたち「B21スペシャル」のライブ構成やラジオ『B21スペシャルの活躍金曜日』（ニッポン放送）の放送作家も担当していたから、ヒロミとも仲がよかったんだ。

信じられない気持ちで、ヒロミと一緒に慶應義塾大学病院の吉野の病室を訪れたら、意外にも元気そうな様子なの。

「わざわざ、いいのに」

なんて笑ってこたえてくれるから、

（やっぱり大丈夫なんじゃないか）

と思ったりもしたんだけど、病室を一歩出たところで交わされる、医師や家族の話は深刻なものだった。

「あとどれくらいですか？」

「もうそんなに時間がないです」

なんて会話がしょっちゅう繰り広げられていた。

それでも発症から3年、吉野はがんばった。そんなあるとき、俺とヒロミは競馬で万馬券を当てた。俺は40年ほど競馬にハマってきたんだけど、万馬券を当てた回数は少ない。そのうちの1回がこのとき。配当金を受け取ったその足で俺たちは吉野のもとを訪れて、

「治療費にあててくれ」

と全額渡した。

「そんな……、お金なんて受け取れないよ」

と拒む吉野に俺たちは、ＪＲＡの文字が入った帯封を見せて、

「よく見ろよ、これは俺たちの金じゃないから。競馬で当てたんだ。俺たちの金じゃない

から、大丈夫だよ」

そう伝えたら、遠慮がちに受け取ってくれた。

その後、吉野は治る見込みが50％という大手術を受けることになった。可能性が50％もあるなら、絶対に治るだろうと俺たちは希望にすがった。でも、結果は思わしくなくて、術後ほどなくして、危篤となった。

俺とヒロミは仕事が始まる前の早朝に毎日見舞いに通ったんだけど、いよいよ危ないとなると、病室には次々に友人や仕事仲間、親戚なんかが訪れた。吉野にはすでに意識がなくて、体に刺さっているあらゆる装置で生きているような状態だった。奇跡の復活は見込めそうになく、まるでみんなで死ぬのを待っているようで、いたたまれなかった・・・。

もちろん貴明も駆けつけた。貴明が、

「吉野っ、吉野っ」

って呼びかけると、それまで誰の問いかけにも微動だにしなかった吉野の手足がビクンとわずかに動いたんだ。俺は平静を装っていたけれど、これにはかなり驚いたなあ。吉野にとって貴明は親友のひとりだったから、こたえたのかなぁって――。

貴明との別れをすませた吉野の耳元で俺はこうささやいた。

「もういいぞ、がんばるな」

そしたら翌日、吉野は逝ってしまった。最高に天気のいい朝だった。

その後1週間、俺はずっと吉野と一緒にいた。葬式の手筈《てはず》はヒロミや秋元さんが整えてくれて、俺は死に化粧を施した。そのときまではまだ一緒にいるような感じがしたんだけど、ヒロミと一緒に、遺灰になった吉野を見た後、タクシーの中で、

「死んじゃったな」

なんて、いい合ってぼう然としてしまった。ヒロミの憔悴《しょうすい》は半端じゃなかったし、貴明も戸惑っているように、俺には見えた。なんせ、ネタの打ち合わせは主に、貴明と吉野のふたりでやっていたし、俺たちの打ち合わせはいつも、吉野を交えてしていたからね…。

吉野が生きていたら、還暦後の俺たちはどんなことを語り合っていただろうって、たま

に思うよね。まだまだ、あっちに行く気はないけれど、あの世でまた、吉野の笑い声を聞くのは楽しみでもあるんだ。

「共演ＮＧ」？　ハァ？

こうして足跡をたどると改めて、俺たちとんねるずは、港さんや秋元さん、吉野たち陣営のみなさんと一緒に笑いを作ってきたってわかってもらえると思う。何度も書くけど師匠がいなかったから、芸人としてはちょっと特殊な立ち位置だった。同時期に活躍していたお笑い芸人たちと比較されたりもしていたみたいだよね。

よくいわれていたのが「ダウンタウン」との関係性。不仲説とか共演ＮＧ説とか、さすがに俺たちの耳にも入ってきていたんだけど、正直にいうと俺たちサイドからは、どんな芸人とも共演ＮＧにしていないし、不仲でもない。というか、お互いに忙しくて、意外にも会ったことすらなかったんだよね。もちろん、向こうからのＮＧもなしかな？　これが真実かな？

共演が少ないから、不仲説が流れるんだろうね。相手の番組の視聴率を気にして焦ったり、嫉妬したりする、なんてことも、俺にはなかったな。それぞれががんばって、見る人にとんねるずっぽく楽しんでもらえていたら、それでいいと思ってきたし。だって人気番組はどれも一様に、出演者やスタッフが朝まで企画会議をしたり工夫を凝らしたりして、命がけの努力と情熱を注いで作っている。それは、俺たちがいちばんよく知っている。そこにリスペクトはあっても、妬みはなかったよね。

あと、俺の場合はだけど、とにかく忙しくてさ。いかにおもしろい番組を作るかに必死で、周囲の状況まで見ているヒマがなかった。それは、彼らも一緒だったんじゃないかな。

ただ、それぞれの冠番組のスタッフたちは、俺たちに気を使ってくれていたみたい。そういう雰囲気はヒシヒシと感じた。それは悪いことではまったくなくて、自分たちが作る番組への愛やこだわりが強い証拠なんだよね。

フジテレビでは、たとえば俺たちの『とんねるずのみなさんのおかげです』を収録しているとき、ほかのスタジオでは、『ダウンタウンのごっつええ感じ』を撮っているというようなことがよくあった。そんなとき、スタッフたちは、俺たちが顔を合わせないように、それぞれの動きに気を使ってくれていたんだよね。当の俺たちは、実際のところなんにも気にしていなかったんだけど。それでも、俺たちの周りのスタッフたちは、

「あの番組には負けたくない」

ってライバル心をもっていたのかもしれない。その延長線上で、同じテレビ局内にも、「とんねるず班」「ダウンタウン班」「ウッチャンナンチャン班」といったグループをスタッフたちが作っていて、けん制し合っているような雰囲気はあったかも。俺たちもそんなスタッフたちの動向に目くじらを立てたりすることなく静観していたから、共演ＮＧだの不仲だの、そんな噂が流れることになったのかもしれないなあ。

結果的には、番組ごとに切磋琢磨《せっさたくま》して、それぞれがよりおもしろいものを作ろうという環境ができたんじゃないかな。いい循環になってさ。「ナインティナイン」も「爆笑問題」も・・・・。

ちなみに俺には、お笑い番組を含めて、ほかの番組を見る時間的余裕はなかった。毎日、キョロキョロしながら動き、遊びまわっていたせいだね。スタッフが血眼《ちまなこ》になっているときに、お気楽っていわれるかもしれないけど、それが俺のスタイルなんだから、仕方ないよぉ・・・・。

『笑っていいとも!』最終回

とんねるずとダウンタウンの不仲説を一蹴する番組も実はあったんだよね。それが、２０１４（平成26）年3月31日放送の『笑っていいとも! グランドフィナーレ 感謝の超特大号』（フジテレビ系）。

32年間続いた国民的バラエティー番組『森田一義アワー 笑っていいとも!』（フジテレビ系）が最終回を迎えるということで、この日の『超特大号』には、明石家さんまさん、笑福亭鶴瓶さん、ダウンタウン、「ウッチャンナンチャン」、爆笑問題、ナインティナイン、「さまぁ～ず」、そして俺たちとんねるずなどのお笑い芸人が勢ぞろいした。中居正広をはじめ当時のレギュラー陣や、脚本家の橋田壽賀子さん、作家の田中康夫さんなどの文化人も出演していて、そりゃあもう、お祭り騒ぎだった。

これだけ大人数のゲストをどうさばくか、スタッフたちも頭を悩ませたんじゃないかな。結果、順番に出演してもらおうということになって、

「とんねるずさんは、爆笑問題さんと一緒に、最後のほうの出演でお願いします」

って指示された。

「俺たちの出番は最後か。でも、これだけの人数だから、待たされても仕方ないよな」

って、貴明なんかは衣装のしわを気にして、楽屋ではズボンを脱いで出番を待っていた。

そんなとき、控え室のモニターから聞こえてきたのが松ちゃん（松本人志）の声だった。

「とんねるずが来たらネットが荒れるから」

ダウンタウンととんねるずの不仲説を、ネタに料理してくれたんだよね。

（タモリさんの番組だからおとなしくしているつもりだったけど、ダウンタウンが呼んでいる。いま、出なくては）

貴明はこのときのことを、後日インタビューでこう語っていたみたいだけど、俺もまったく同じ気持ちだったね。

こうなると出る順番なんかにこだわっていられないでしょ。せっかくのおもしろいチャンスを逃しちゃうからさ。貴明も素早くズボンをはいて、俺もすぐジャケットを羽織ったよ。それで、

「行くぞ」

ってなもんだ。

ステージ裏に向かう前に、俺と貴明は爆笑問題の楽屋に寄って、

「もう出るぞ」

って声をかけておいた。太田光は、

「ええ？　もう？」

といった表情を一瞬していたけど、さすが！　わかっているよね。すぐに田中裕二を誘って一緒にステージに向かってくれた。ここからとんねるずの乱入となるわけ。まあ、乱入といっても、決められていた時間よりも、早く出演しちゃっただけなんだけどさ……。

ステージには、タモリさん、さんまさん、ダウンタウン、ウッチャンナンチャンがすでにいた。そこに貴明が、

「(待ち時間が）長《なげ》えよ」

って怒鳴りながら俺と一緒に出ていくと、

「ネットが荒れるからダメだって」

と叫ぶ松ちゃん。

「いま出ちゃダメ」

といって止める浜ちゃん（浜田雅功）。タイミングはばっちり。もうおもしろい！

貴明もまた、

「待ち時間長えよ〜。出番がなくなっちゃうじゃん」

とか、繰り返し怒声を上げる。この後すぐ、爆笑問題も入ってきて、さらにナインティナインも、

「順番抜かし」

といって究極の自由演技で乱入。おかげで、不仲説がささやかれていた芸人たちが、一堂に会することになったってわけ。爆笑問題の太田も、

「タモリさんのおかげで仲悪い人たちと会うことができて・・・・」

なんて重ねていじって盛り上げていたっけ。

このきっかけを作ったのは、間違いなくダウンタウンのふたりで、俺たちや爆笑問題、ナインティナインが早く出てこられるよう、かつ、それによって、やや散漫になっていた雰囲気が盛り上がるよう、うまく料理してくれたんだ。

ただ、一斉に出てからが大変だったね〜。せっかくそろったんだから、おもしろくしなきゃいけない。みんながみんな、内心では焦っていたと思う。スタッフは進行がずれてパ

ニック状態だったしね。

俺もなんかないかと頭をフル回転。あの瞬間、妙に冷静だったことをよく覚えているよ。

とんねるずの真骨頂はアドリブだ。

それで、客席にいた橋田壽賀子さん、田中康夫さん、柳沢慎吾ちゃん、オスマン・サンコンさんなどを、俺が無理やり引っ張ってステージに上げた。混沌《こんとん》としたステージ上を、さらに混沌とさせる、それがおもしろいと思ったんだ。ただ、「僕も上げてぇー」と、サインを送っていたデーブ・スペクターさんだけは止めさせていただきました。

呼応するように、太田もわめきちらしてくれたし、浜ちゃんはさんまさんをいじるしで、もうぐちゃぐちゃになったけど、俺は内心でホッとしていた。

みんなのおかげで、賑やかなグランドフィナーレになったと思う。

4代目「いいとも青年隊」、「半熟隊」のメンバーだった神田利則くんを、俺がステージに上げると、たしか岡村くんが、

「誰だぁ、お前」

って叫んだっけ。すると、即座に松ちゃんが、

「出てきただけで、すべっとるやないか」

って突っ込んでくれた。周りにはウケて盛り上がったけど、神田くんにはメンゴ、そして、ありがとう。

この生放送の後、俺と貴明が仕事で沖縄に向かう途中、飛行機の中で浜ちゃんに偶然会ったことがある。

たまたま席が隣同士だった貴明と浜ちゃんは話が弾んだようで、空の上でずっとしゃべっていた。沖縄に着いた後も、空港の長い通路をふたりで話しながら歩いていた。

俺はそんなふたりを眺めながらすこし後ろを歩いていたから、何を話していたのかはわからなかったんだけど、なんだかすごくいい雰囲気だったのはわかった。だから会話の内容より、ふたりが一緒に歩いている事実に、スゲエってなっちゃって、

（写真撮っちゃおうかな、いいかな、やっぱダメかな）

なんて思っていたっけ。

第七章 アライバル

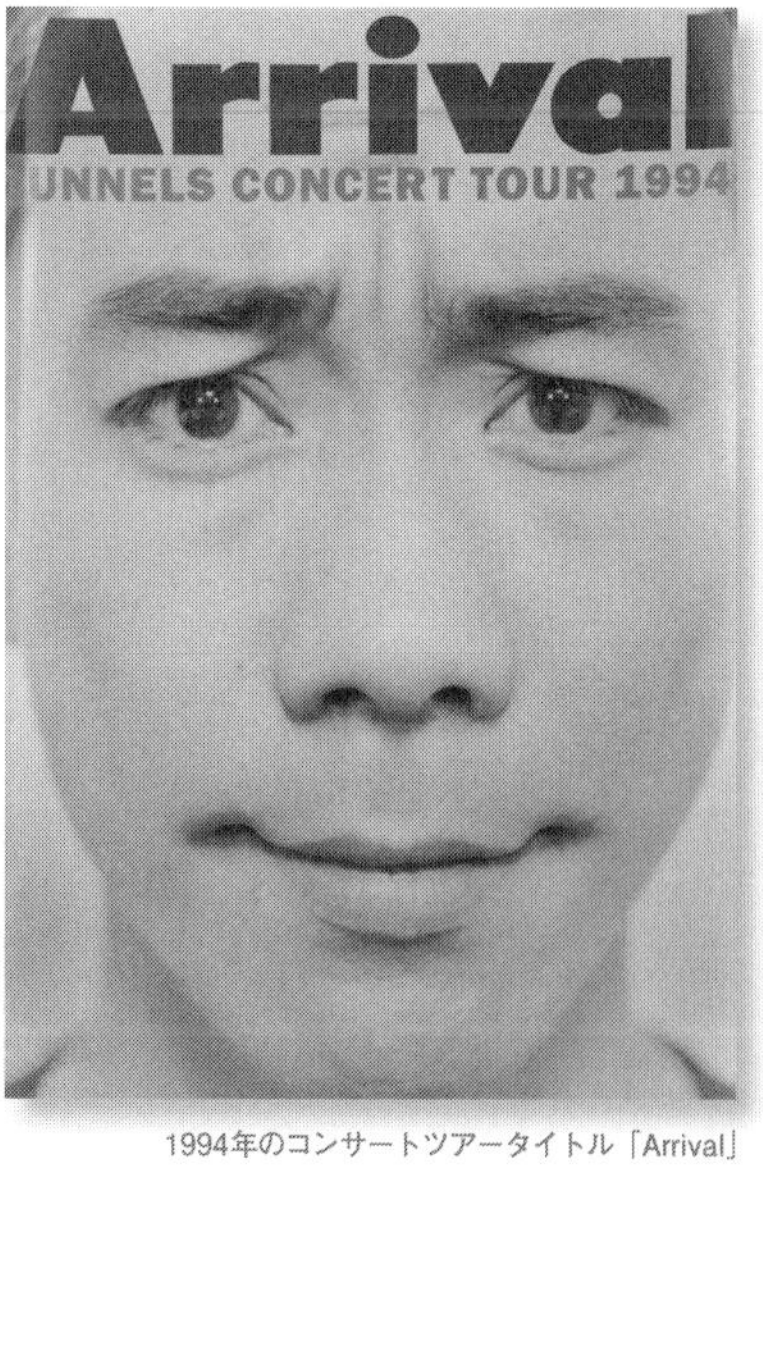

1994年のコンサートツアータイトル「Arrival」

ノンジャンル

お笑いタレントに師匠がいなかったり、個人事務所で活動を続けたりすることは、いまでこそ珍しくないみたいだけど、俺たちが「とんねるず」として超多忙な日々を送っていた１９８０～１９９０年代には、かなり少数派だったみたい。

そう、とんねるずには師匠がいない。しかも個人事務所だ。お笑いの世界には、師匠とか、兄さん（兄弟子）とか、付き人とか、よくいるよね。だから、俺たちはお笑いのメインストリームから外れた、異質な存在だった。

そのせいもあってか、ボケのやり方とかツッコミのやり方とか、笑いのセオリーはいまだにわかってない。所ジョージさんとかタモリさんとか、ドリフのメンバー、鶴瓶《つるべ》さん……、尊敬する先輩はたくさんいて、こういう考え方っていいなあとか、生き方がかっこいいなとかって思うけど、師匠ではないんだよね。

それに俺たちは、１９９４（平成６）年に「オフィスＡtoＺ」を退社してからずっと、貴明と一緒に立ち上げた個人事務所「アライバル」でやってきた。

　これは貴明と話し合って、そのほうがとんねるずとしてやりたいことができるってことで選んだ道なんだけど、芸能界において、大手プロダクションなどの組織に属さないでやっていくというのは、どうやら難しいことなんだよね。

「師匠やプロダクションという後ろ盾もないのだから、まるで大海原を、イカダで進むようなもの。それなのにずっと最前線を走っているのは奇跡に近い」

　なんて、いわれることもあった。

　所属事務所については、ありがたいことに、大手のプロダクションから、「うちに来ないか？」って声をかけてもらったことも、ないこともない。でも、貴明はどの事務所とも契約しようとしなかったし、俺もなんか違うかなって思っていた。

　たしかに、視聴者もテレビを眺めていれば、人気者たちはだいたい名前の知れたプロダクションに所属しているなって、なんとなく感じているはずだよね。最近は、インターネットもあるし、タレントの活躍する場所が広がったから、フリーランスや個人事務所という人たちも増えてきたけど、それでも２０００年代以前はあまりいなかった。

芸能界って、よく「生き馬の目を抜く」ような世界だっていわれる。生き残るのは、ホントに厳しい、らしい。そんな中だと、やっぱり同じ事務所の仲間が多ければ多いほど助け合ったりできるだろうし、お笑いでいうと師匠がいれば、「あっちに行けば仕事があるよ」とか、導いてもらえることもあるんだろうね。

たしかに俺たちには、師匠やプロダクションという強力な支援者がいなかったけど、だからこそ逆に、いろいろな人にしがらみなくかわいがってもらえたんだと思う。大手プロダクションの有力関係者たちからは、事務所の垣根を越えていろいろなことを教えてもらったし、困ったときに相談すればアドバイスももらえた。

なんでこんなにかわいがってもらえたんだろうなって考えてみると、たぶん、

「なんだこいつら？」

って思われていたからかもしれない。だって、お笑いはやっているけど、漫才師でもコント師でも、落語家でもない。歌手デビューして東京ドームでライブをやってさ、絵を描いて個展を開いて、貴明はハリウッド映画に出たりして・・・・。芸人なのか歌手なのかタレントなのか俳優なのか、何者なのかよくわからない「境界線」の上に、俺たちはいたんだ

よね。俺自身、

（え〜、歌手になっちゃったの、ホントかよ！　これじゃあ、アイドルだな……）

なんて思っていたくらいだから、周りの「大人たち」は、もっとわけがわからなかったことだろうね。

やっていることがなんだかあやふやだった俺たちは、芸能界における「ノンジャンル」の立場にいた。だから、どのプロダクションも、「よくわからんな、こいつら」って感じで、どう接していいのかよくわからなかったんだと思う。とはいえ、同世代からの絶大な人気があったから、無視もできない、って感じだったんじゃないかな。

つまり、大げさな言い方かもしれないけど、〝どんねるず〟という、新しいジャンルを作っちゃったのかもしれない。

といっても、計算してそうなったわけじゃなくて、自然の流れ。それもこれも「ご縁」なんだよね。普通だと思ってやってきたことが、周りから見たら「特殊なこと」だった、ただそれだけで。

俺たちは一貫して、誰かがもってきた仕事じゃなくて、「自分がやりたいものは、自分で決める」というスタイルが好きだった。プロデューサーや放送作家など、その人を直接気に入ったから一緒に仕事をしたいとか、その人にのっかりたいとか、俺はそういう仕事の仕方をしたかったたし、させてもらってきた。

貴明は貴明の知り合いや必要だと思った人と仕事をしてきた。貴明自身がプレイヤーであり、プロデューサーの視点ももっているから、そういう動きをするためには、個人事務所の方がやりやすいと考えたんじゃないかな。

事務所には競馬好きの流れから、元関西テレビのアナウンサーで、競馬実況で知られる杉本清さんも所属してくれた。

敏腕プロデューサー兼マネージャーみたいな人とエージェント契約をして大きな仕事をとってきてもらったり、とんねるず自らも仕事がとれるようなシステムにしたりするのが、俺たちに似合う仕事のやり方のように思えた。だからいまでも自分でほとんど動く。がちゃがちゃと。

テレビ局の垣根を越えて

個人事務所の場合、事務所がやるべきことを俺たち自身でやることになる。

「マネージャーを通してください」

とか、

「まずは事務所の担当者同士で話を詰めましょう」

といったやりとりはすっ飛ばして、俺たちタレントが直接、自分の出る番組を即決し、制作側の人たちと話したり、出演交渉をしたりするわけだ。だから動きが速い。

そういうスピード感も俺たちには合っているんだよね。

俺たちタレントが、港浩一さんやテリー伊藤さんなど、テレビを作る側の人と直接、企画や編集の相談ができたのも、個人事務所のメリットといえるんじゃないだろうか。

こういう仕事の仕方も珍しいみたいで、タレントとスタッフが一緒になって番組を作り上げ、テレビ局のスタッフを「とんねるず陣営」にできたのも、俺たちが個人事務所だったからみたいだね。

テレビ局の垣根を越えた付き合いができたのも、俺たちには「組織」というバックボーンがなかったからだと思う。

たとえば、毎年年末に、慰労の意味を込めてとんねるずが主催者になり、フジテレビや日本テレビ、ＴＢＳ、ニッポン放送などのお世話になっている関係者、ライブスタッフや秋元康さんたちに集まってもらって、「とんねるずの大宴会」を開いていた。企画して声をかけるのは貴明で、いつもだいたい場所は西麻布の割烹《かっぽう》料理店。総勢約１００人が大いに食べて飲み、誰もが腹を割って話し合える場になっていたと思う。

「今度、うちの番組ではこんな企画を予定しているんだ」

という人がいるかと思えば、

「おたくの局のあの番組、すごくよかった。うちも負けないようにしないとなぁ」

なんて、相手を称《たた》える場面もあったりして、いい空気を作っていた。

組織がない分、自由に動ける。でもその代わりに、俺たちは、仕事でお付き合いしてもらう仲間たちに、それだけ繊細に、ていねいに、思いを寄せる必要があったように思う。自分たちの代わりに動いてくれる窓口もなかったしね。収録が終わったら、必ずといっていいほどスタッフのみんなと飲みに行ったし、そこで徹底的にコミュニケーションをとった。だから、とんねるずほど、テレビ局のスタッフたちと気心が知れた存在はほかにないように思う。って、いいすぎかな？　どうだろう。

とにかくそうした宴会は、１９９１（平成３）年からの10年間、西麻布から、苗場プリンスホテルへと場所を移して行われた。『とんねるずのこんと いん なえば』のライブ終わりに開くことにしたんだ。

こっちは、スタッフだけでなく、その家族も呼んで楽しんでもらった。ライブは３日間開催されていたから、１日だけ来る人もいれば、３日間フルに遊んでいく人もいた。昼はスキー、夜はコントのステージ、その後は宴会で盛り上がったね。入れ代わり立ち代わりで人が来て、常に１００人ぐらいは参加していたかな。

子どもと一緒に家族でとんねるずを楽しめると、参加者の中で特に大はしゃぎだったのが若いスタッフ。俺たちは、そういうスタッフと家族の楽しそうな顔が見られることも、幸せに感じていた。

俺と貴明は、毎日ライブもしていたわけだから、終わるともうクッタクタ。それでも、その後の大宴会は、ものすごく楽しかった。自分たちだけが楽しむのではなくて、一緒にテレビやラジオを作ってくれるスタッフたちも楽しめるようにしようというのが、俺たちのスタイルだったんだけど、とにかく俺は集合すること自体が楽しくて仕方なかった。陣営の結束も高まっていたと思うね。

読者の方々は、普通のことなんじゃないのって思うかもしれないけど、「タレントを囲んでいろんなテレビ局が集合する」って、実はめったにないこと。だって、そのタレントが、どの局と、どんな仕事をするかの最終決定は、事務所の役割だから。俺たちはたまたま「貴明が社長で、俺が副社長」の個人事務所だから、自分たちで仕事を決められるけど、大手プロダクションのタレントに直接、テレビ局が仕事を依頼したら「事務所を通してください」って怒られるんだと思う。だから、とんねるずと各局の関係性って、とても特殊なものだったんだ。

そしてそれが、とんねるずらしさを作り上げている要素のひとつになっていた。

各局の垣根を越えてできた、とんねるず陣営のみなさんたちは、そのうち、収録が重ならないように、各番組の担当者同士で直接話し合って俺たちのスケジュールを調整してくれるようにもなった。ある局で海外ロケが決まれば、別の局から、

「俺たちもそのロケにのらせてもらえませんか？」

なんて、話が出たり、

「いいよ。その代わり、そちらでも経費を負担してくれるかなぁ」

なんて、協力することもよくあった。そうやって効率よく、よりいいものを作っていったんだよね。俺たちがかかわった番組に関しては、局同士でバチバチ争い合う、なんてことはなくて、仲がスゴイよかったし、それが当たり前だったんだ。

フジテレビの港浩一さんをはじめ、阿部ちゃん、ゴーちゃん、守谷っち、石井ちゃん、松村、隆《りゅう》くん、金光さん、菊地ちゃん、信也さん、大井さん、越智さん、ヤナさん、杉さん、小島、佐藤、ゴッツァン、アンザイ……（名前の出ていない人、ゴメンネ）。

こうした当時の各局ディレクターたちはいま、それぞれラインにノリまくりで、現在もお世話になっています。最高の〝歴史メンバー〟ッす。

その場ですぐ電話、即決！

俺はいまも昔も、こうなったらおもしろい、この人と仕事をしたいと思ったら、プロダクションのマネージャーさんや社長さんを通さず、本人に直接連絡してしまうところがある。仕事は事務所で一回揉《も》まないといけないから、本当はいけないらしいんだけど、仲のいい人にはそれが当たり前！

（この人に出てほしい、共演したい！）

と高ぶると、どうしても抑えられなくなってしまうんだよね。これも長年、個人事務所で自由にやってきたせいなのかなぁ、と思うこともあるけど、特に最近は、そんなことばかりしていて、そういうのが楽しい。

２０２３（令和５）年の正月に放送された『夢対決とんねるずのスポーツ王は俺だ!!』（テレビ朝日系）でも、俳優の水谷豊さんと小栗旬くん、帝京高校の後輩のローランド、「仮面ノリダー」でチビノリダーを演じてくれた伊藤淳史くんに声をかけた。

「『スポーツ王』、出演決定ね。来てくれるなら、みんなが盛り上がって絶対おもしろくなるから。そういうのをお正月にお届けできたらいいじゃん。ここの現場は演出やムードもいいからね」

なんてお願いしたら、水谷さんまでが、

「やりますかねぇ」

といってくれた。そこから、事務所と段取りをつけて、ＯＫが出たらテレビ朝日に電話をして、業務的なことをお願いする。

そういえば、水谷さんには宇崎《うざき》竜童《りゅうどう》さんを紹介してもらって、

「曲を書いてください」

と、宇崎さんと阿木《あき》燿子《ようこ》さん夫妻に直接お願いしたこともあったっけ。

そうして完成した最初の曲が『不機嫌なモナリザ』（阿木燿子作詞・宇崎竜童作曲）。レコーディングにはおふたりそろってきてくださって、特に阿木さんには、やさしく（厳しく?）指導していただきました。ガハハ。

話を戻そう。淳史は、

「自分に直接発注かけてくるのは憲武さんだけですよ」

なんていっていたけれど、彼の事務所の中では〝木梨さんならＯＫ〟ということになっているらしい。もし本当にそうだったらうれしい。信用してもらっているということだもんね。

小栗くんには別のゴルフ番組に出演してもらったことがあって、そのとき、

「やってみたらこんな楽しいことないですね」

って、話してくれたから、

「じゃあ、どう？　もう一発。次のはプロ選手も芸能人も出るし、そこに小栗くんが来れば視聴者も出演者も驚いちゃうし、大喜びよ」

って誘ったわけだ。

水谷さんも小栗くんもさすがプロ。番組内の対決はもちろん真剣勝負なのだが、華やかな正月番組というのもわかってくれていて、俺の想像以上に盛り上げてくれた。現場で俺が何かしなくても、見せ場は彼らが作ってくれる。現場で生まれる台本のないドキュメンタリーを間近で見られるのがうれしくてたまらない。だからこういうセッティングってやめられないよね。

何を隠そう、ワタクシ、コーディネーター＆プレイヤーなんッす。ガハハ。

そもそも、この人と仕事をさせてもらったら絶対おもしろくなる、と思ったことに対して、正式な手順を踏んで依頼すると、下手すりゃ1週間ぐらいかかるうえ、本人にその話が行く前に断られることもある。俺がせっかちというのもあるんだけど、それよりも本人に直接電話なんかしちゃって、

「一緒に遊びながらの現場は、おもしろいに決まっているからやろうよ」

って誘う。そこが大切だと思っている。知り合いにだけどね。

「陣営」と「俺気味の人」と一緒に

還暦を過ぎて改めて思うことは、テレビにせよラジオにせよ歌にせよアートにせよ、俺ひとりでは何もできないってこと。

だから俺は、いいと思った人をコーディネートしたり、セッティングしたりするのが好きなのかもしれない。

若い頃はあまりそんなことを意識していなくて、ただ、おばあちゃんのいうようにあいさつをして、自分のことを覚えてもらい、信用してもらうっていうことを繰り返していた。すると、どんどん「俺気味の人」が増えていく。俺気味の人とはつまり、仕事の姿勢やスピード、行動力、おもしろいと思う部分が同じで、根本的につながれる人たちだ。こういう人たちとは、ノっているときの顔色を見るだけで、俺も前に進める。で、スケジュール的にマジでムリだな、と思ったときは1秒であきらめる！　またのタイミングってことで、即決ができるのも信頼関係があるからこそ。

俺はそういう人たちをまとめて「陣営」なんて呼び方をしている。俺気味とか陣営とかって言葉は、もうすでに何度も出ているから、なんとなくわかってくれているとは思うけど。

俺気味の人たちは、いわば、俺の仲間だ。俺が多少間違った方向に突っ走ろうとしても、必ず正しいところに軌道修正して連れ戻してくれて、もっといいものにしてくれる。そういう人たちを、俺はとにかく大切にしているし、常に新しく出会えるように、何もなくても外に出て、人に会うようにしているんだ。

会ったことのない人でも会いたいと思えば、バッタリ会ったふりをして会いに行くぐらいのこともする。俺もズルいから、自分が興味をもった人じゃないと、あまりグイグイいけないけども。

「うわ、この人、こんなこと考えているんだ」

とか、いくつかの会話の中から、俺気味な部分を感じ取ると、

「ねえ、お茶に行こうよ」

「酒飲もう」

「一緒にゴルフ、どう?」

「一緒に歌おう」

とかなるわけだ。それでもう、その人は俺の陣営になっちゃうと。

社長さんのような偉い人とか目立っている人もすごいけど、意外とそんな人の〝横にいる人〟のほうが俺気味だったりするんだよね。

(実はいつも隣にいるこの人がすごいから、社長さんもすごい仕事ができるんだな)

とか、

(この人は目立たないけど、役割としてプロフェッショナルだな)

とか、周囲の人間関係を見て、この人とならおもしろいことができそうだ、なんて観察

するのも楽しくて、若い頃から意識せずにやってきた気がする。

たいてい、おもしろい仕事、すごい仕事の中心にいる人の周りには、「その人気味」のこれまたすごい人がいて、

（こんな集団で向かってこられたらかなわないな）

と高ぶってしまう。そして、そういう人たちの中に俺も入りたくて、彼らの懐に飛び込んで、

「お邪魔します」

ってあいさつして仲間にしてもらい、信用してもらうんだ。

仕事のときや遊びのときだけじゃなくて、落ち込んだときも（落ち込まないけど）陣営のみんなに会う。関係が遠い人と話すと疲れるから。

愚痴をいってもいわなくてもいいんだけど、こんなことがあって……っていうことを週に1〜2回でも話すんだよね。

みんながそれぞれのドラマの中で日々を過ごしているから、周りの話を聞いているだけでもおもしろいし、自分が落ち込んだ話なんかもおもしろくアレンジして話すと、頭が整理されて、問題がちょっとクリアになったような気がする。

そういう陣営がいてくれることは、俺にとって本当にありがたいし、逆に誰かの「状態が悪い」という話を聞いたら、気にかけておいて、次に会ったときに状態がどう変わったか観察するとか、こちらから先手を打って、

「状態どう？　今日飯行く？」

なんて電話をかけたりする。陣営の状態が悪いと、俺も気になって仕方がないんだよ。

俺気味の陣営がいてくれるからこそ、おもしろいことができて、それが仕事になっていくわけだから、俺にとっては、何よりも大切な存在。みんないい状態でいてほしいんだ。

それじゃあ、「俺気味じゃない人」とは、どう付き合ってるかって？

人の悩みの9割は、人間関係なんだそうだ。社会で生きている限り、他人とまったく接触しないなんて不可能だし、人と人の縁で生きているわけだから、人との付き合いをゼロにしては生きていけない。複雑な関係に巻き込まれて悩み、苦しんでいる人もいるだろう。

俺が付き合ってきた人たちの中にも、もちろん俺気味じゃない人はいるよ。そういう人とだって、仕事なら協力しないといけない。そんなとき俺はまず、その人の話をよく聞くようにしている。自分に批判的なフレーズだって、何かしらのヒントになることもあるだ

ろうし、こちらから多くを語って衝突しても仕方ないから、「話を聞く」ということに徹している。

そうして、人との距離を調整するようにしているのかな。アラ？　わかったふうでメンゴ！

REACH OUT

テレビのバラエティー番組やドラマ、ラジオ番組のパーソナリティー、それからライブ、アート関係の個展なども、すべてスタッフの協力があってできることだから、日々の細かなことにも気を配ってきたつもりでいる。

「ナインティナイン」の岡村隆史くんは、

「タレントとスタッフの（撮影現場での）お弁当を一緒にしたのはとんねるずさんが初めて。それまで、タレントさんのほうがすこし高級だったんだけど、みんなで一緒に作っているんだから同じにしようということで・・・。また、温かいものを食べてほしいからと弁当だけでなく、楽屋にケータリングを取り入れるようになったのもとんねるずさんから」

なんて、『ナインティナインのオールナイトニッポン』（ニッポン放送）で話してくれたみたいだけど、俺たちとスタッフはひとつのチームだから、これも当然のことだと思っている。こういう点に気づくのは特に貴明で、本当に細やかなんだよね。

忙しいときに、そんなことまで考えるのは面倒じゃないかって？

そんなことはないよ。ひとりでコツコツ努力することも大切だけど、ひとりの力には限界があるし、俺にとってひとりはつまらないし、寂しい……。

それに繰り返しになるけど（何度でもいいたいからいわせてくれぇ〜）、どれひとつとして、ひとりの力で成立するものはないから、やはり陣営の力を強化するためにできることは、これからも続けていきたいと思っている。みんなもそうやで〜！　自分にはない力をもった仲間やで！

人の言葉、考え方、生き方、その人が生み出す作品。あるいはその人の存在そのものが、俺にアドリブのインスピレーションを与えることもあって、そこから何かが生まれることも少なくない。だから、俺にとって何より大切なのは人だし、人と出会って深くかかわることで、いまの俺がいると感謝しているんだ。

ひとりひとりと深く関わることの大切さも、小さな事務所や、個人事務所で仕事を続けてきたからこそ気づけたんじゃないかな。

そうした俺気味の人たち、陣営のみんなへ、俺の気持ちを象徴するアート作品がある。それは、人間の手をモチーフにした『REACH OUT』というシリーズだ。これは、「手を伸ばして」という意味。いくつもの手が重なったり離れたり、寄り添ったり、融合したりして、ひとつの作品になっているんだけど、一本一本の手を描くとき、俺にその手を差し出してくれたいろいろな人のことを思い浮かべている。感謝とともに……。そして新しい仲間も大歓迎！　手をつなぐ!!

第八章

家族

安田成美さんと結婚

「ごはんに行きましょう」の行き違い

俺の人生に大きな影響を与えた人物として、なるさん（安田成美さんだ！　木梨成美さんだ!!）の存在は欠かせない。なるさんがいなかったら、俺はいまどうしていたのか……それはちょっと想像できないや。

なるさんとは、１９８６（昭和61）年に公開された森田芳光監督によるコメディー映画『そろばんずく』（東宝）の共演がきっかけで知り合った。

映画は、ライバル関係にある広告代理店に勤務する俺と貴明が、仕事でも恋でも競い合う、っていう内容で、なるさんは俺の恋人役だった。このとき俺は24歳、なるさんは19歳。アニメ映画『風の谷のナウシカ』（１９８４【昭和59】年公開／東映）のイメージガールとして注目されていた頃だったんじゃないかな、たしか。

当時、俺に対してなるさんは、

「テレビに出ている『とんねるず』のままなんだけど、意外とテレビでのはっちゃけた感じではなくて、人に対してていねいというか、まじめなんだな」と思ってくれていたらしい。まじめ・・・意外でしょ。でもたしかにこのとき、俺はおとなしくしていたのよ。初めての映画の現場は、アドリブが許されたテレビの世界とはまったく違っていたからね。

テレビのバラエティー番組と、ドラマや映画の世界との大きな違いは、監督がいること。監督の言うことは絶対だと聞いていた。

そもそも俺は森田監督の『家族ゲーム』（１９８３年【昭和58】公開／ＡＴＧ〈現・東宝〉）に感銘を受けて、森田監督のことを崇拝していたから、言うことを聞いていたほうがいいんだって思っていた。とんねるずらしく、本番でアドリブをぶっかましてやろうという気持ちは一ミリもなかったね。だからすごくおとなしくしていたし、監督からは口調やトーンまで全部指示されていたから、素直に従っていた。

共演者のなるさんにも、撮影以外ではまったく話しかけないで、撮影の合間には、俺はひとり黙々と車を洗ったり磨いたりしていた。まぁ、〝神聖〟な撮影現場で俳優さんに、

「ねえ、ねえ、何してるの」

なんていうのもねえ……。どうなのよ、それ。だけど後でなるさんから聞いたところによると、貴明はよく声をかけていたらしく、一緒に話していたらしい……。フ～ン。まぁとにかく、なるさんとは恋人同士になる役だったせいか、俺はひとりで勘違いしていったのかもしれない。このときはもう俺の中で、

「彼女にするなら、なるさんだ!!」

って、決めていたんだから。


ようやくなるさんと話ができたのは最後の撮影のときだった。貴明のワンカットが残っているだけで、俺となるさんの撮影は先に終わっていたんだけど、スタッフから、

「お疲れ様のセレモニーをやるので、ちょっと待っていてください」

といわれていた。その待ち時間に、たまたま衣装が下がっている部屋で俺たちはふたりきりになった。チャンスだと思ったね。俺はそこで、実家の電話番号を書いた紙を渡しながら、

「ごはんに行きましょう」

と誘ったのだ。なるさんも、

「あ、わかりました」

と、意外にもすんなり、紙を受け取ってくれた。その後、なるさんは取材へ。ヒマだった俺は、そのタイミングで弁当を食べた。なるさんは戻ってくると、

「あの、ごはんは？」

って俺に聞いてくる。ん？　どうやらなるさんは、その日の夕食をどこかで一緒に食べようと誘われたんだと勘違いしたらしい。

「え？　何が？　俺、今日はもう食ったよ」

って素直に答えたら、

「え～！　食べたんですか!!」

びっくりされてしまってびっくりした。俺は、

（今度、ごはん行こうね）

という意味で誘ったんだけど、うまく伝わらなかったんだね。そのときは、

「なんか変な人だな」

と思われてしまったらしい・・・・。

その後、なるさんとは、俺たちのラジオ『とんねるずのオールナイトニッポン』（ニッポン放送）に映画の宣伝のため、ゲスト出演してくれたときに再会した。

そのときも、たまたま貴明がトイレかなんかでスタジオを出ていったから、一瞬ふたりきりになれた。その間に俺は急いで、

「なんで電話してくれないの？　今日電話して！　ラジオ終わったら、絶対電話して」

って必死でお願いした。もう必死よ。それでようやくなるさんも、

「電話ってそういう意味だったんだ！」

って気づいてくれたようだ。

それまでの何週間か、俺は毎日、なるさんから連絡があるんじゃないかと、ほとんど飲みにも行かずに電話の前で待っていたんだから。

（鳴らねぇなぁ・・・）

と思いながらさ。

ラジオの生放送は午前3時に終わり、その後は、いつもだったらみんなで飯に行くんだけど、ダッシュで帰って電話を待ったっけ。

で、３時15分か30分くらいだったと思う。長い間待ちわびていた電話のベルが、リリリリ・・・・と鳴った。

「はい、どうも！　やっとお話しできた〜」

なんていって、俺は受話器を取った。携帯電話のない時代は連絡ひとつとるのも、本当に大変だったんだから。

「墓場でデート」がちょうどいい

当時はふたりとも忙しかったんだけど、なんとか食事に付き合ってもらえるようになった。俺は最初から飛ばしていたね。

「お願いします。付き合ってください」

という俺に、

「う〜ん、でもいまはまだ、そういうのは、ちょっと・・・・」

と渋るなるさん。

「わかりました。では、〝そういうの〟はちょっと横に置いておいて・・・・。お願いします。

付き合ってください」

って、そりゃあもう、何度も何度もお願いをし続けた。

あるとき、どうしても彼女の家に行きたくて深夜までなるさんを引き留めた挙句、ぐでんぐでんに酔っぱらった俺は、

「コーヒーが飲みたい」

となるさんに訴えた。もちろん、喫茶店などどこも開いていない。なるさんは仕方なく、俺を部屋に入れてコーヒーを用意してくれたんだけど、

「コーヒーなんかほしいわけないじゃない」

と俺。あきれるなるさん。せっかく部屋に入れてもらったのに、そこでどうこうということなく、俺は酔いつぶれて寝てしまったんだよね……。

翌朝、なるさんに起こされて、そのまま仕事場に向かったんだけど、なるさんはそのとき、

「なんで部屋に入れちゃったんだろう」

って思ったみたい。ごめんね。でも結局その後、根負けしてお付き合いしていただけることになったんだ。決め手は、

「住んでいたところが近かったというご縁と、家にいて電話ができるタイミングがちょう

どよく重なったから」

ということらしい。やっぱり、タイミングとお願いって大切、でしょ！

付き合い始めたからといっても、お互い世間に顔が知られているし、仕事も忙しかったから、あちこちデートに行けるわけじゃなかった。マスコミの目があるからね、カフェにすら気軽に入れなかった。

「じゃあ、電話するから家にいてよね」

という感じで、仕事をして急いで帰って電話して……。という日々。ふたりきりで会うのはなかなか難しかったね。


マスコミにバレずに出かけられる場所といったら、お墓だった。そこそこいいアイディアでしょ？

俺の実家の墓は静岡県の伊東と宇佐美にあるから、東京から行くと、２時間30分のドライブになる。それがちょうどよい距離だった。移動しながら、車内で食べたり飲んだり……。それもまた楽しかったなあ。

あとは祖師谷にある俺の実家にもよく来てもらった。初めてなるさんを実家に連れていったとき、俺は廊下でおふくろに、

「たぶん、彼女と結婚するから覚えておいて」

といっておいた。おふくろがこれをしっかり覚えていて、結婚後、なるさんに、

「いちばん初めに憲武が成美さんを連れてきたときね、〝あの子と結婚するから、よろしくね〟っていって帰ったのよ。すごいわよ、最初からいってたわよ」

などと話していたらしい。なるさんは驚いていたけど、まあね、俺はもう最初に会ったときから決めていたからさ。

なるさんの家にも俺はよく入り浸っていた。家ではふたりでそれぞれ、何かしら作っていたね。なるさんは趣味でよく絵を描いていたし、俺もその間、テーブルを彫ったり、ガラスと樹脂で作品を作って遊んでいた。そういう時間の使い方がいちばん多かったし、楽しかった。

それでさ、彼女の家を訪れるたびに、自分の荷物をちょっとずつ置いていったの。だんだんと俺の荷物が増えていったから、なるさんは俺専用のカラーボックスを置いてくれた

んだけど、しばらくして気づかれちゃったね。

「これはちょっと、おかしいでしょ？」

って。でもさ、やっぱりこういうときは、ズカズカ入っていかないとね。

「根っこから明るい人」

実は俺、きちんとプロポーズをしていないんだよね。なるさんの部屋に入り浸ることが多くなって、俺の荷物が部屋のあちこちを占領するようになった頃、彼女から、

「ねえ、どうするの？」

と聞かれたの。当時なるさんは27歳。20代のうちに子どもがほしいとは以前からいっていて、

「あと2年ぐらいしかないんだけど」

と——。それで俺が即座に、

「お願いします!!」

といって結婚が決まった。１９９４（平成6）年のことだった。

結婚式は船上で、親戚や仲間、芸能関係など近しい人たちと行った。

なるさんが、俺との結婚を考えてくれるようになったのは、付き合って5～6年、彼女が25歳を過ぎた頃だったって後から聞いた。

自分でいうのは恥ずかしいので、なるさんに取材すると、

「嘘《うそ》でしょ？　っていうぐらいポジティブで、それもぜんぜん無理のないポジティブさというか、根っこから明るい人。その安定感がいいなと思った。こういう人と一緒なら、何が起きても、最終的には問題なくなるだろうな」

と思ってくれたらしい。ありがたいことです。

でも、結婚が決まったからといって、生活が変わったわけじゃなかった。そのままなるさんの家に俺が転がり込んで住みついたからね。翌年、長男が生まれてから、なるさんに、

「ねえ、気がついたら、私がそのまま家賃を払っているんだけど、憲ちゃんにも払ってもらっていいかしら」

といわれて、

「ごめん！　忘れてた‼」

って謝った。そういうところは、ふたりともこだわってなくて、本当にいわれないと気づけなかったんだよね。ごめんす〜！

木梨家は親戚同士の仲がよくて、冠婚葬祭となると多くの人が集まるんだけど、なるさんは仕事の合間を縫って、そうした席にもよく出席してくれた。

親戚たちからもっとも感激されたのは、親父のいちばん上の兄が亡くなったときのこと。なるさんと結婚したばかりのときだったので、葬式で初めて、親戚へのお披露目となった。なるさんが行くことは事前に伝えていたから、

「憲武が、あの大スター安田成美さんを連れてくるぞ」

って、親戚中で盛り上がっていたみたい。俺は見栄《みえ》を張って、ベントレーコンチネンタルRを買って、助手席になるさんを乗せてさ、凱旋《がいせん》よろしく伊東へと向かったんだ。

俺たちが到着すると、親戚一同大興奮よ。全員が色紙を持って集まってきて、葬式どころじゃなくなった。俺はみんなから、

「成美さんを連れてきてくれてありがとう」

ってずいぶん感謝されたっけ。しめっぽいのは苦手だからさ、なるさんのおかげで、いい葬式になったし、俺も鼻が高かったなあ。

「一度別居してみよう」！　ハァ？

俺たちはなしくずし的に一緒に生活を始めたんだけど、結婚したとき、なるさんからひとつだけ、いわれていたことがある。それが、

「すべてイーブンでお願いね」

ってこと。でもさ当時は本当に忙しくて、なかなか家に帰ってこられなかったの。レギュラー番組は『とんねるずのみなさんのおかげです』『とんねるずのハンマープライス』（ともにフジテレビ系）をはじめ、『とんねるずの生でダラダラいかせて!!』（日本テレビ系）、『ねる様の踏み絵』（ＴＢＳ系）などがあったし、全国コンサートツアーも開催していた。独立して個人事務所「アライバル」を設立したのもこの頃だった。

正直にいうと、忙しかったのは仕事のせい、だけではなかったんだけど・・・。

この頃は、仕事終わりにスタッフと飲みに行くのが当たり前で、特に収録が順調に進ん

だ日は酒がうまいわけよ。だから朝まで飲んで、そのまま現場に向かうことも少なくなかったんだよね。夕方には酒も抜けて、収録が終わる夜にはすっかりさめているから、懲りずにまた飲みたくなる。たまには養生するとか、明日に備えて家でゆっくりするという考えはなかったね。50歳くらいまでは、睡眠時間が足りていなくても疲れていても、集中力が低下することはなかったから、ほぼ毎日、夜は陣営と飲んでいた。

　加えて休みの日は、ゴルフ場や競馬場にもよく出かけておりました。


　俺がそんな生活を送っているから、なるさんは、生まれたばかりの長男をひとりで育ててくれていた。イーブンな関係とは真逆の状態だった。家事育児の分担について話し合いをしようとしても、俺は寝ているか出かけているかでなかなかできない……。

　それであるとき、なるさんがキレた、らしい。〝らしい〟というのは、俺のほうにはキレられた覚えがないんだよね。後からなるさんにいわれて、そうだったのかと、すごく反省した。

　なるさんはどうやら、怒りながら、

「一度別居してみよう」

といったのだそうだ。でも、俺がその後も普通に一緒に生活するものだから、

「おかしいな。私ハッキリいったんだけどな」

と、なるさんが首を傾《かし》げ、数日後に再度、

「なんで家にいるの？」

と聞くと、まさかの俺が覚えていないっていうね……。

「え？　そんなことあったっけ？」

　なんて聞き返しちゃって、ダメだね。俺はどうやら、都合の悪い話は頭に入ってこないか、都合のいいように変換してとらえちゃうみたい。なるさんには、

「すごくいい体質。いつも忘れるしね。本当に〝生き上手〟。調子いいんだから」

　などと笑われてしまった。

　ともあれ、その後、俺が何をどう言い訳したのか、そのへんの記憶もないのだけれど、本当に申し訳ないと思っています。だからそれからは、なるさんに何かいわれたら、俺は、秒で言うことを聞くようにしている。そう、すぐに心を入れ替える。でも、何を入れ替えたのか、すぐに忘れちゃうんだけどね。

　なるさんも、怒りに任せてすぐに文句をいう人ではなくて、あれ？　と思ったことがあ

っても、何回かは様子を見てくれる。ただし、俺が同じ失敗を2～3回繰り返すと、

「ちょっと、ちょっと」

といってくれる。でも俺は、何かしでかしたなんて思ってないから、

「そんなことあったっけ？」

という感じ。それであきれてなるさんに、

「私は傷つけられたんだよ」

みたいにいわれたら、もう即座に、

「ああ、すみません！」

って謝るわけ。すると、その真意すら見抜かれていて、

「何に〝すみません〟っていっているか、わかってる？」

と返されてしまう……。

「ちょっとわかんないっすけど……ムードはわかってます！　いいムードじゃないってことはわかってます」

俺がそういうと、たいてい笑って話はおしまいになる。

夫婦喧嘩《ふうふげんか》にもなっていない気が、俺はするのだけれど、なるさんが許してくれるおかげ

で、俺たちは成り立っているんだよね。感謝しかありません。

通帳のありかを探してギャンブルへ

俺は競馬をはじめパチンコ、競艇、カジノといったギャンブルが大好きだった。〝だった〟と書いたのは、いまはそれほどでもないから。

時間があるとすぐに大井競馬場に通っていたね。なんせお台場のフジテレビから大井競馬場までは車ですぐだからさ。

ギャンブルは必ず現金でやる主義なんだけど、あるとき俺は、自分の通帳残高がゼロになるまで使い切ったことがある。

俺はお金の管理が面倒で、結婚前はおふくろに、結婚後はなるさんにすべて任せているんだけど、さすがにそれ以降は、なるさんに通帳を隠されてしまった。

なるさんは、俺がギャンブルをやること自体は怒らない。お金の使い道にしても、

「私は憲武さんのお金を預かっているだけだから」

と、口を出してこない。ただ、あればあるだけ現金を使ってしまう性質《たち》なのはよくわか

ってくれていて、通帳の隠し場所をあちこち変えられるようになってしまった。そうすることで、やんわりと限度を教えてくれるわけなんだけど、それでも俺は懲りずに、通帳のありかを探しては、現金を引き出していた。だからもう、イタチごっこ状態。

そんななるさんが、俺のギャンブルについて苦言を呈したことがあってさ、それはお金の使い方というよりも、楽しみ方がよくないってことだったんだよね。

俺は競馬でボロ負けするとその日は落ち込む。夕方4時ぐらいにレースが終わると、6時の夕食ぐらいまでは引きずってしまう。寝れば機嫌も直るんだけど、夕食時のまず～い感じが、なるさんはイヤらしい。

「ギャンブルをやるのはいいんですけど、負けたときに落ち込むのはやめて。落ち込むような楽しくないことを、わざわざお金を払ってまでやるなんて、どういうつもり？　負けても、『ははは～』って笑っていればいいのに。そんな状態になるんだったら、お金を使うのはやめて」

といわれたことがある。ごもっともです。なかなかそこまでの境地にたどり着けないのは、本当に俺が未熟だから。申し訳なく思っています。

でもさ、俺と同じような経験をしている人、全国のオヤジたちにも多いはず！

そして、申し訳ないことがもうひとつ。

俺たちには、３人の子どもがいるが、俺はいい父親とはいえない。むしろかなりダメな親父だ。なんせ、うまくコミュニケーションがとれないんだから。

仕事仲間や友人と話すときは饒舌《じょうぜつ》だし、なるさんに〝盛り上げ隊長〟といってもらうくらい、おもしろいことをいって盛り上げることも好きなんだけど、なぜか子どもたちの前となると、うまいこと話せなくなるんだよね。だからいつも、俺が言ったことを、なるさんが子どもたちに通訳してくれる。なるさんからは、

「ズルい！」

といわれるんだけど、

「そのほうがいいよ。お願いだからそうさせてよ」

ってお願いしているくらいだ。

そういうところは、「木梨サイクル」で毎日黙々と仕事をするだけで、家族とほとんど言葉を交わさなかった俺の親父に似ているのかもしれない。

「自分の子に親として何かいってあげないの？」

なんてことも、なるさんからいわれるんだけど、

（いや、俺が何かいわなくても、うちの子どもたちは大丈夫でしょ。俺も若いときは親父から何もいわれなかったんだから。でも、うまくやってるでしょ）

って思ってしまう。ただし、子どもたちとなるさんが話している会話の内容は全部聞いていて、問題があれば出ていくつもりなんだけど、なるさんがやさしくて、よくできた母親だから、大した問題もなく、いままで俺が出ていく機会もなかったってわけ。ありがとうね、なるさん。Ｉ　ＬＯＶＥ　ＹＯＵだもんで。

これまでは「いまを楽しむための準備期間」

『とんねるずのみなさんのおかげでした』（フジテレビ系）が終わる前、俺はなるさんに、

「いつ終わってもおかしくない」

と伝えていたから、いざ終わったときも、

「やっぱり終わったんだね」

という反応だった。すべてのものに終わりがあるし、これまでもいろいろな番組が終わってきたから、特にこの番組が終わったからといって、なるさんが不安とか心配に思うことはなかったみたい。

前にも書いたけど、俺も、新しくやりたいことや、やれることなど、次の場所に向かえる喜びのほうが強かった。でも、番組が終わるということを周囲は残念に思っていたし、貴明もそうだったんだろう。ところがなるさんは、

「そういう一般的な価値観と違うところで堂々と生きて、やりたいことをやり通せば、いつかみんなにもわかってもらえるんじゃないかな」

といってくれた。俺もそう思う。本人が楽しんでいないなら嘘になるけど、次の新しいステップを本当に楽しみにしているのなら、それをちゃんと見てくれる人はいる。何より、なるさんが同じように思ってくれているので、これ以上に心強いことはなかった。

ここ数年で、ライフスタイルも変わった。新しくなったね。

夜は9時に寝て、朝は4時に起きて、7時半に朝食をとっている。家族の中では、俺がいちばん早く起きるから、

「きっと今日もいい日だぞ、楽しくなるぞ！」

なんて思うわけ。もし天気がよければ、

「今日も晴れか〜。いま枯れ葉がバンバン落ちているし、今日は燃えるゴミの日だから、まず外をはくか」

と、はき掃除に取りかかる。で、集めた枯れ葉がビニール袋4袋分にもなると、それだけで充実感。

（思った通り、今日もいい日だ！）

ってなるわけ。

またある朝は、

「朝食はごはんにするかパンにするか。俺はごはんが食べたいけど、なるさんが今日はパンだからパンにするか」

と思いついたら、

「パンは買いに行って家で食べる？　それとも外で食べる？」

なんて、楽しみながらやることを決めている。なるさんと別々に朝食をとるときは、自分で鯵《あじ》や鮭《さけ》を焼いて、早朝の静かな時間を過ごしている。ダイコン、スリスリ！

夕飯の支度は夕方5時から。料理中にキッチンをウロウロしていると怒られるから、俺の役割は野菜を洗ったり、テーブルに小皿や箸を並べたり、ワインのコルクを開けるくらい。若い頃、かなり飲み歩いたけど、家ではそれほど飲まない。すぐに酔いが回って、グラスに2～3杯も飲めば眠たくなっちゃうからね。

正直いって、そういう生活のささいなことをていねいに、深く味わうことが、いまは幸せでたまらない。しかもなるさんとふたりだから、2倍楽しめる。以前は見落としていた幸せに気づけるようになったというのなら、年をとるのも悪くないよね。

テレビ番組の収録に忙しかった頃は、毎日高ぶっていたいと思っていたけど、いまは、「毎日ではなくてもいいかな。年齢的にもちょうど」って思えるようになったし、むしろこれまでのことは、「いまを楽しむための準備期間」だったのではないかとさえ思えてくる。

こうした日々の出来事や報告などについて、早朝から生放送のラジオ番組で、リスナーに聞いてもらえるのもうれしいよ。ここにもリスナーという陣営がたくさんいる。

　仕事もなるさんと一緒にやることが増えた。俺がああだこうだと考えてしまうときは、真っ先になるさんに相談する。すると、

「やめたほうがいいんじゃないの？」

「いいんじゃない？　おもしろそう」

　なんて的確に判断してくれるから、俺も、

「ＯＫ、やめよう！」

「じゃあ、すぐやろう！」

　ってやるべきことがクリアになって、その場ですぐアポ入れを始めたりする。グズグズとして進まないことについては、いちばん近しい人である、なるさんに話すのがいい。俺のことをよく知ってくれているから判断が早いんだよね。何よりなるさんは、俺にとっての〝正解〟を知っている人なんだ。そういう人が近くにいてくれるということは本当に恵まれていると思う。プロデューサー！　監督！　神様かも♥

前に一度、俺が歌うだけのソロライブをやったことがあるんだけど、なるさんに、

「なんでちゃんと歌っているの？　もっと笑わせなきゃ」

といわれたことがあった。そのご指導をもらったとき、俺はすごく楽になったんだよね。

（全部、なんらかの仕掛けを考えたほうがいいのかな。でも、そうしたらお客さんはびっくりしたり、落ち着かなかったりするかな）

とか、

（全曲、まじめに歌ったほうがお客さんは喜んでくれるかな。それともちゃんと歌うのは2、3曲にして、笑いを重視。仕掛けエンターテインメントにする？）

なんて、実は迷っていたから、なるさんにいわれて気づいた。

「笑いはあっていいのよ。まじめにやりすぎるのは似合わないんじゃない？」

ってね。最高のアドバイスだと思ったよ。

将来は、なるさんとふたりの番組もやりたくて、

「海外を旅する番組を作らない？　俺が出てなるさんが監督をやるのもいいし、なるさんが主役で俺が撮るのでもいいから」

って提案したら、

「監督は違う人がいい」

と即、断られてしまった。でも俺は、監督もやってみたいんだよね。

貴明ともそうだけど、なるさんとも一緒にやりたいことはいろいろあって、アイディアがつきない。歌番組の司会もふたりで‥‥そのうち。だからなるさん、これからもお願いしますよ！

なるさんは、俺の妻で家族だが、俺のプロデューサーでもある。ときには前に進むためのアドバイスもくれるから、なるさんとの生活の中でのミーティングはいま、俺にとって欠かせないものになっている。そういう意味でも尊敬しているし、公私にわたって最高のパートナーに巡り合えた俺は、本当に幸せ者だなって思う。幸運であるワタシ！　こんなに幸せでいいのかしら‥‥、ウフフ‥‥♥

第九章

石橋貴明

『お笑いスター誕生!!』(写真提供:日本テレビ)

「お前、初心《うぶ》だな」×「繊細さ」

ひとりでは何もできない俺が、ここまでやってこられたのは、なるさん（安田成美さん）をはじめ、家族や諸先輩方、後輩たち、昔からのワンフー&陣営のみなさん、そして新たに陣営となってくれた仲間たちのおかげだが、運命の相手をひとりだけあげるとするならば、繰り返しにはなるが、やはりこの人以外にいないだろう。

石橋貴明だ――。

貴明は、「とんねるず」のリーダーでキャプテンで社長。

15歳で出会ったときから考えれば、もう45年以上の付き合いになるんだけど、振り返れば、俺が貴明について語ることはあまりなかったんじゃないかな。

とんねるず結成31年目、俺たちは50歳を目前に、『とんねるずのみなさんのおかげでした』（フジテレビ系）で、「とんねるず 初めての2人旅ＳＰ」というコーナーをやらせてもらった。スペインのバルセロナに行って、アルゼンチンのサッカー選手リオネル・メッシに〝メシ屋〟を紹介してもらったり、フランスのパリでは、１８６２年創業の老舗洋菓子店「ラデュレ シャンゼリゼ店」に行って、貴明のおすすめだという、〝世界一うまいサンドウィッチ〟を食べた。

このとき30年ぶりに同じホテルの部屋で過ごしたりもした。ふたり部屋なんて、20歳のとき、『モーニングサラダ』（日本テレビ系）で行ったグアムのロケ以来。

部屋ではベッドに並んで横たわって、俺がテレビで、いわゆる〝オトナの映像〟を見始める。そして、興奮した俺が貴明にからみ出すというシーンを撮影した。貴明は終始笑いながら、

「やめろよ〜、早く寝ろよ〜」

と、大笑いした。

その旅の最終日の撮影で、

「ノリさんが思う、タカさんの好きなところは？」

と問われたとき、俺は前夜のシーンを踏まえて、

「俺が攻撃を仕掛けると照れていたから…、お前、初心《うぶ》だな」

と答えた。ちなみに貴明は俺の好きなところを、

「繊細さ」

とひと言だけ答えていたっけ（芝居ごっこだけど……）。貴明がこのひと言を妙に照れたようにいったのは、そういう体《てい》の作りなのだけれどね。というのも、この前段階で初心なシーンを撮っていたからというのもあって、それで貴明なりに初心な雰囲気を出そうとしたんだろうね。

それでもやっぱり、貴明はいくつになっても初心だと思う。

それがわかる、こんなシーンもあった。

２０２３（令和５）年の正月特番『夢対決とんねるずのスポーツ王は俺だ!!』（テレビ朝日系）のロケ中、17歳の女子高生アマチュアプロゴルファー（２０２３年11月、プロに）・馬場咲希選手から、

「石橋さん……好き」

というまさかの告白を耳元でささやかれたんだよね。貴明はカメラが回っているのに、照れちゃってさ、一瞬、素に戻っていた。ちなみにこのとき、俺への告白は誰からもなかったんだけどね……。貴明もこの後、

「久しぶりにテレビで〝素〟に戻っちゃいました（笑）。パンチをまともに食らっちゃいましたね」

なんてコメントをしていた。貴明にはさ、そういうところがあるんだよ。

「視聴率30％とってみせます」の直談判

貴明について語るうえで、外せないこんなエピソードもある。

貴明はまじめで物事を緻密に考えるタイプ。何年に何があったとか、数字に対する記憶力もズバ抜けているんだけど、感情的に動けたりもする。

『とんねるずのみなさんのおかげです』はもともと、『火曜ワイドスペシャル』（フジテレビ系）で１９８６（昭和61）年から不定期に放送されていたんだけど、この枠をとってきたのが貴明だったんだよね、実は。

当時の俺たちは、『オールナイトフジ』『夕やけニャンニャン』（いずれもフジテレビ系）、『とんねるずのオールナイトニッポン』（ニッポン放送）などで知名度を上げているときで、

〝若者のカリスマ〟なんていわれているときだった。だけど、貴明はそれで満足できなかったんだろうな。さらに上を目指していたみたいだった。当時、フジテレビの取締役編成局長だった日枝久《ひえだひさし》さん（後にフジテレビジョン代表取締役会長などを歴任）のところにひとりで出向いて、

「ゴールデンタイムの2時間番組をください。視聴率30％とってみせます」

　って直談判したんだ。このとき、貴明は24歳。

「本当だろうな。とれなかったらどうする」

という日枝さんの凄《すご》みにも屈しなかったって聞いた。ハッタリでも本気でも、ここまでできるヤツはなかなかいないと思う。そもそも、芸能人が事務所やマネージャーも通さず、ひとりでテレビ局のトップに話をつけにいくなんて、当時でもなかなかないことだった。

これまた伝説シリーズ。

といっても、俺がこの話を聞いたのは、出演が決まってからで、

「決まったぞ、やるぞ」

と貴明からいわれて、

「ハイ、了解」

とこんな感じだった。そんな背景があるなんてそのときは知らなかったんだよね。俺たちは、昔もいまも、ずっとそう。このやりとりは45年間変わらない。貴明が、

「行くぞ」

といえば、俺は何も聞かずに、

「了解!!」

ってなる。

「俺はこう思う」

とも思わないし、

「憲武は？」

とも聞かれない。すり合わせることはほとんどなし。何がおもしろいかはそれぞれの采配という感じなんだよね。

ちなみに、日枝さんとの約束はどうなったかというと……。

『火曜ワイドスペシャル』では視聴率30％には及ばず、平均20％台だったんだけど、その後レギュラー化させてもらえて、１９８８（昭和63）年から『とんねるずのみなさんのお

かげです』が始まった。そして、１９８９（平成元）年3月30日の『とんねるずのみなさんのおかげです 春休みスペシャル』で最高視聴率29・5％（関東地区）を記録した。

「憲武がやりたいなら、やらせろ」

貴明は俺に対して「ＮＯ」といわないし、むしろ、

「もっと行け」

「憲武がやりたいならやらせろ」

といってくれる。

２０１８（平成30）年に『とんねるずのみなさんのおかげでした』が終わってから、俺たちは年に1回放送される正月特番『夢対決とんねるずのスポーツ王は俺だ!!』シリーズの撮影で会うのが定番になったわけなんだけど、俺はそこに出ていただく芸能人のみなさんを勝手に決めて、直接出演交渉をしてしまう。いちいち貴明に相談したり、了承を得たりはしないんだよね。

２０２３年の放送回でも、元卓球選手の水谷隼《みずたにじゅん》さんが出ると聞き、

（〝W水谷〟がおもしろいんじゃないか）

と思いついちゃったもんだから、すぐに俳優の水谷豊さんに電話して、直接出演をお願いした。貴明は撮影当日、

「豊さん、なんでこの番組に来ちゃったのよ。憲武の言うことを聞いていたら、いままで積み上げてきたものをなくしちゃうよ」

　なんていっていたけど、楽しいコーナーになった。


　一方俺も、自分だけが担当するコーナーには細かく口を出すけど、とんねるずふたりのコーナーには何もいわない。貴明が秋元康さんや港浩一さん、遠藤察男《えんどうさつお》さんたち放送作家のみなさんたちと事前に綿密に打ち合わせをして本筋を作っているのを知っているから、そういう打ち合わせは貴明に任せていたんだよね。

　たとえば『みなさんのおかげです』の「仮面ノリダー」のコーナーに、チビノリダーを組み込んだのも、プロデューサーの港さんと貴明のアイディアだった。貴明たちが整えてくれた舞台で、俺がアドリブを加えた自由演技で盛り上げる、というのが俺たちのスタイルなんだ。

会話はほぼなく、それでいい

打ち合わせをしないだけじゃなくて、俺たちはふたりきりで話したりもしないんだよね。そう書くとまた、「不仲だ〜」なんていわれそうだけど、別にそれでいい！

高校時代から、俺と貴明の間にはいつも、親友で、後に放送作家にもなった吉野がいてくれたし、秋元さんとか港さんとか、とんねるずの陣営たちがいてくれたから、ふたりきりで話し合うことがあまりなかった。

朝からテレビ局で収録をしていて、昼過ぎになり、もうすぐ競馬の天皇賞だ、菊花賞だ、有馬記念だってなると、俺と貴明は収録を中断して、

「ちょっと行ってくるわ」

なんて、競馬場に向かってしまう。そんなときもふたりきりではなく、港さんと吉野を加えた4人だったりする。

ふたりきりでよく話したのは、後にも先にもデビュー前とその直後、18〜20歳のときだ

けだったんじゃないかな。新宿中央公園でこれからのことについて話したり、『お笑いスター誕生!!』（日本テレビ系）のネタを打ち合わせしたり……本当にこのときだけ。高校時代もふたりきりで遊びに行ったことはないし、必ず吉野とかサッカー部、野球部の仲間数人がいた。

　芸能界に入ってから、お互い毎晩のように遊び歩いていたけど、訪れる店やメンバーは別だったし、一緒のときでも常に誰かしらがいたから、貴明とふたりきり、という機会がなかったんだよね。コンちゃんとは、俺も貴明も仲よくしてもらっていたけど、いつもコンちゃんと俺、コンちゃんと貴明で会っていて、コンちゃんの取り合いだったかな。

　そういえば、近年になって、貴明が我が家に遊びに来てくれたことがあった。そのときは、なるさんも驚いていたっけ。だって、俺たちはさ、テーブルを挟んで向かい合って座っているのに、それぞれ体はちょっと横に向けていて、真正面から向き合わないの。で、貴明が俺に話したい内容を、

「こうだよね」

　となるさんに向かって話すわけ。それを受け取って、なるさんが今度は俺に、

「こうだって」

と伝える。

「ああだよね」

と俺が返せば、なるさんが貴明に、

「ああですって」

と伝える。

目の前にいるから、俺が話したことも、貴明が話したことも、お互いによく聞こえているんだけどさ、直接は話さないの。通訳してくれていたなるさんは、

「本当に不思議。聞こえているのに、どうして直接しゃべらないの？　腹話術なの？」

なんて笑っていたけどね……。

これが俺たちの距離感。これは、もうずうっとそう。現場でもこのまんま。だからこれからもずっとこのままなんじゃないかな。それでいいしね。

誰よりもおもしろい素人になってやろう

　俺たちはふたりきりで話し合ったりはしないんだけど、貴明が目指してきたものについては、わかっているつもり。それは、

「東京出身なのにナンバーワンになる」

ってこと。１９８０（昭和55）年、俺たちが就職した年に歌手・矢沢永吉さんの自伝『成りあがり』（角川書店）の文庫本が出版され、貴明はそれを読んで感銘を受けていたから、影響されたのかもしれないけど・・・。

　俺も、そんな貴明の志には共感している部分があるんだよね。

地方に住んでいると、東京に出る、という行動自体が、

「必ず成功する」

という強い信念と結びついているように思う。同世代で親友の歌手・藤井フミヤもそうだった。フミヤも俺たちと同じように高校卒業後に就職をして国鉄職員として働いていたんだけど、その職を辞めて故郷の福岡県久留米市を離れ、東京に出てきた。そして、１９８３（昭和58）年にデビュー。弟の尚之《なおゆき》やバンドのメンバーと一緒だったとはいえ、

相当な覚悟が必要だったんじゃないかな。

「東京に来たからには、絶対に売れるぞ。『チェッカーズ』だ！」

という強い気持ちは、成功を引き寄せるひとつの要因になっていると思うんだよね。

ところが俺たちはふたりとも東京都出身。貴明は成増育ちで、俺の実家は祖師谷。バラエティー番組やオーディション番組も実家の近くで開催されていたから、地方出身者よりは、気軽に出演できる。素人のときから俺は、

「テレビに出られるんだ」

とか、

「芸能人に会える」

とか、

「おもしろそう～」

といった気軽な理由でテレビに出ていたし、デビューした後もそんな感じだった。そもそも俺は結婚するまで、生活の主な拠点は実家だったから、フミヤのように、

「家族と離れて、見知らぬ土地でがんばる」

というような決意表明をするタイミングがなかったんだよね。まあ、たとえあったとし

ても、しなかったかもだけど…。

でも、貴明は違った。デビューする前から、

「テレビに出て、高視聴率をとって、必ず金持ちになる。東京モンが、東京で1等賞をとる」

といっていた。誰よりも仕事をして、いちばんの成功者になる、という気概でいた。

実際俺たちは、40代くらいまでは連日寝ないで仕事をしていた。いちばん忙しかったときは移動時間の車中で1時間くらいしか寝るヒマがなかったくらいだ。ちなみに、俺は横になるより座っていたほうがよく眠れるんだけど、貴明はどこでもすぐ眠れるタイプだったな。

貴明は、自分で自分の価値を上げていくのがうまかったんだよね。日枝さんへの直談判の件もそうだけど、前に書いた新幹線のグリーン車にしか乗らないという件も貴明が交渉してくれた。

「営業に行くなら、俺たちはグリーン車じゃなきゃ行かないよ」

とか、

「飛行機はファーストクラスじゃないと行かない」

なんて、20代のときからいっていたし、コンコルドでの移動の件も、

「コンコルドのほうが速いよ」

なんて、貴明が話をつけてくれた。

ステータスが上がると、求められるエンターテインメントの質も上がってくる。そうなるとプレッシャーになるものだと思うんだけど、貴明はそういうときこそ、

「もっとガンガンいこう」

というタイプだった。俺たちには関西のお笑い芸人たちのように師匠もいないし、笑いのマニュアルもない。だからいまだに、ボケとかツッコミのシステムがわからない。アイディアが出たらそのままやるだけ。だから、「部室芸」だとか「素人芸」だといわれてきても、実際その通りなのよ。それでも貴明は、

「誰よりもおもしろい素人になってやろうじゃないか」

って強気の姿勢をくずさなかった。だから、目標に対して〝遠回り〟と感じられる仕事

をするときには、

「こんなことしている場合じゃねんだよ」

と腹を立てていたっけ。

（タカさんったら）

貴明は俺の好きなところを、

「繊細さ」

といってくれたけど、俺は貴明こそ繊細だと思っている。テレビの視聴率やＣＤの売り上げ枚数、オリコンの順位なんかも細かくチェックしていた。俺はいつもアドリブのアイディアばかり考えていたけど、貴明は、いかに売れるか、いかに売るかについても、常に考えていたんじゃないかって思う。

解散？　ハァ？

２０１８年に『みなさんのおかげでした』が終わると、ファンクラブを解散。その後、俺が自分の個人事務所を設立したため、世間では俺たちの解散説がささやかれた。というか、その前から常に、俺たちの不仲説、それゆえの解散説はたびたび流れていたのは知っている。

ここで改めて断言するけど、俺たちの間でそんな話は出ていないから。

ファンクラブをたたんだのは、もともとあまり稼働していなかったからだし、俺が個人事務所の「コッカ」（現・キナシコッカ）を立ち上げたのだって、それぞれソロでやりたいことが増えてきたからという、きちんとした理由があってのことなんだよね。

だから、人からこの手のことを聞かれると、いつも思う。

（いやいや、何？　解散っていったほうがいいの？　それいったほうがおもしろい？）

ってね。

いま俺たちは、それぞれにやりたいことがあって、それをとんねるずで一緒にやるのが難しいだけなんだよね。お互い個々でのほうが新しくやれることもあるし、『スポーツ王』シリーズみたいに、俺たちに似合う仕事があればとんねるずとして一緒にやればいい、それだけのことなんだよね。

とはいえ、解散の予定がなかったわけじゃない。とんねるずとしての活動が軌道にのってきた30代の頃、貴明が、

「とんねるずは40歳までにしておこう」

といったのだ。俺は理由も聞かず、いつもの調子で、

「OK、了解」

と答えた。ところが、とんねるずとしてやりたいことが終わらなかったのか、貴明は40歳になると律義にも、

「50歳ぐらいまでかな」

と〝延長申請〟してきた。これについてももちろん俺は、OKの返事。

ところが、『みなさんのおかげでした』が56歳のときに終了しても、さらに60歳の還暦を過ぎたいまも、その後貴明から、その手の話はとんとなく、だから、とんねるずは続いているってわけ。どっちでもいいのよ！

レギュラー番組が終わってから、貴明と定期的に会うことはなくなったけど、レストランなんかで偶然会ったりするからおもしろい。そういうときは、

「お〜、いたいた。写真撮ろう」

なんていって、なるさんに写真を撮ってもらう。貴明もニヤニヤしながら、

「お〜」

なんていって撮らせてくれる。それ以外で俺たちは話さないものだから、なるさんが、

「タカさん、また一緒に歌ってね」

なんていうと、貴明は照れたように笑って、

「おぉう？　おお！」

なんて、よくわからない返事をする。

（タカさんったら）

タイミングが合えば仕事でも共演を続けているのよ。貴明は、『貴ちゃんねるず』というＹｏｕＴｕｂｅチャンネルでも活躍しているけど、その中の『24分間テレビ２０２１〜貴ちゃんゴールであの人熱唱〜』に、俺はモノマネで参加したしね。両国国技館を目指して３㎞マラソンをする貴明を、歌手・谷村新司さんに扮《ふん》した俺と、歌手・加山雄三さんのモノマネで知られる芸人・ゆうぞうくんとで、『サライ』（谷村新司作詞・弾厚作《だんこうさく》こと加山

雄三作曲）を歌って迎えるという設定で出させてもらった。でも、肝心の貴明は、途中で声をかけてきた女の子たちの誘惑に負けて、夜の街に消えてしまうという展開でさ……。

こうした、往年のとんねるずらしい笑いに喜んでくれる視聴者もいるから、まったく一緒にやらない、ってわけじゃないんだよね。

いつでもいい、急がないでいい

いま俺は、ソロで歌手活動を続けていて、ライブなんかも行っているけど、正直いうと、俺はまたとんねるずのふたりで舞台に立ちたいと思っている。それはいつでもいいんだけどね。

なんせ、２０１２（平成24）年に開催した俺の50歳記念ライブ『ＮＯＲＩＴＡＫＥ　ＧＵＩＤＥ　５・０』に貴明がサプライズ出演し、ふたりで歌ったときはすごかったんだもん。いやがおうにも盛り上がるわけ。貴明にとって歌のライブは、かなり久しぶりだったみたいで、緊張をほぐすためにシャンパンをあおって登場してくれたんだって。そのとき、俺はいったんだよね。

「次はどこだ？　武道館か？」

って。その場にプロデューサーの石田弘さんもいたから、

「石田さんやってよ、うるさい演出家をさ」

ともいっておいた。俺の中ではこの話がいまも続行中なんだ。

２０２２（令和４）年に、両国国技館で開催した『第二回 木梨フェス 大音楽会』の冒頭でも、

「大きい人（貴明）がＯＫなら、俺はいつでも待っているんだ」

っていったら、そのときも、ものすごい歓声が上がった。

俺がひとりでとんねるずの歌を歌うときも、観客はいつも貴明のことばっかり話題にするもんだから、やらないわけにはいかない。

「ここにタカさんがいたら……」

とかね。だから歌う前にこういっている。

「オイ、そういうこというなよ、お前ら！　貴明のことを思い出すな!!　俺が歌うとんねるずを聴いてください」

って。まぁ、思い出してもいいんだけどね、別に……。

むしろ、

「お～、じゃあふたりがそろうなら、何を歌う？」

ってみんなに聞きたいなぁ。

とんねるずの曲は後藤次利さんの作曲が多いから、作曲、アレンジは後藤さんにお願いするとして、秋元康さんにも、かつて歌っていた『情けねえ』とか『一番偉い人へ』のような、

「メッセージ性の強い新曲をお願いします」

とすでに伝えてある。秋元さんも、

「いつでもいいよ」

といってくれている。

いまこの年齢で俺たちが歌うとしたら、どんな曲で何を伝えられるのか、そう考えると楽しみでたまらなくなる。いや、本当に実現したら〝祭り〟だよね。昔からのスタッフや同世代のファンが集まったらもう、同窓会みたいだしね。

といっても、これは貴明とタイミングが合ったときがいいから、周りには、

「急がないでいいよ」

といい続けてきた。いつだっていいんだから。焦らず気長に……。

俺たちは、『スポーツ王』シリーズの収録で顔を合わせれば、その瞬間、毎週欠かさず会っていた頃と同じ空気感になる。貴明と俺にしかわからない阿吽《あうん》の呼吸だ。貴明も俺たちの関係はずっと変わってないって思っているんじゃないの？　まあ、変わったなと思うことといったら、お互い年をとったな、くらい。

この空気感が続く限り大丈夫だって俺は思っている。ステージでツーショット。

その日はそう遠くないって気がするしね。

「魂《だましい》」の一文字

２０２２年３月９日、無料動画ＧＹＡＯ！で配信されていた『木梨の貝。＃１５２』では、俺の還暦を祝したスペシャル企画を用意してくれた。その中で、約60ピースのジグソ

ーパズルの裏側に俺の陣営のみなさんや、藤井フミヤ、ヒロミ、カンニング竹山、ミッツ・マングローブたちから「おめでとう」のコメントを書いてもらったんだけど、貴明も書いてくれた。で、そこには、

「魂《だましい》」

という一文字が書かれていた。なるほどね〜。これは、「帝京魂《ていきょうだましい》」を略したもので、俺たちにしかわからないメッセージだ。

帝京高校のサッカー部、野球部、空手部……すべての部活に受け継がれる伝統の言葉で、部員をひとつにまとめるためのおまじないみたいなものなんだよね。

「後半盛り上がってがんばろう」

とか、

「前半負けているけど、後半ひっくり返そうぜ」

といったときに、みんなで手をつないで、

「帝京魂、勝つぞ！」

といってピッチに出ていく。だからこの文字を見ると、高校3年生の気持ちに戻る。俺たちの心に刻まれた言葉なんだ。

歌や笑いにもセオリーがあるものだけど、俺たちは独自のスタイルでこれまでやってきた。だから、いまでも何が正しいのかわからないけど、正解のない笑い――もしかすると、これが俺たちの笑い、とんねるずに似合うことなんじゃないかと思っている。

だから、いまさら無理やり、「似合わないこと」はしたくない。とんねるずらしくないことはしない。いまは、俺たちに似合うことを探しているときなんだ。初心を忘れず、貴明が思い出させてくれた「魂」を胸に抱いて……。

（いい話すぎ？ タカさんったら）

もう還暦を過ぎたけど、まだ還暦を過ぎたばかりでもあるよね。

好きなことや楽しいことを大切にしながら、これからも俺は、俺の陣営たちと笑いながら過ごしていくつもり。

俺はとんねるずの一員で、なるさんのダンナで幸せ。

そして、この本を読んでくれる同世代の人たちや陣営に恵まれて、本当に幸せだと思っている。

俺のそばに「俺気味」の人がいて陣営があるように、あなたの近くにも「あなた気味」の人がいて、あなたの陣営もあることでしょう。

あなたがそうした陣営を大切にしていく中で、もしどこかであなたの陣営と俺の陣営が出会って合流したら、さらに新しい何かが生まれる。もっと楽しいことが始まる。

そうなったら最高！

俺もそうして、いろんな人との縁をいただいてきたんだから、そういう可能性だってきっとあると思っている！

そして、

「あのときはありがとう」

「みなさんのおかげでした」

といい合える日のことを思い描きつつ、ワクワクしながら前に進んでいこうよ。

エピローグ

ドンペリで乾杯世代！

これまでの俺の人生、十分楽しんできたけど、
でも、いまがいちばん楽しい、おもしろいと感じている。

だからこの先も、いままでと同じように、仕事も趣味も、厳しく、遊びながら、その筋のプロたちと同じ方向を向いて、大笑いしながら楽しく前に進んでいこう!!

自分だけでなく、みんなが「ＰＥＡＣＥ＆ＬＯＶＥ」。それがいちばんだよね。

これからも、多くの先輩から学ぶなか、それを近い後輩や仲間に伝えて分かち合い、嘘をつかず、「木梨憲武」丸出しで進んでみることにする！

音楽活動のアルバム作りやライブ、アート活動の展覧会、テレビバラエティー活動、そして、俳優活動も！

俺はいま、まさに61歳で連続ドラマの撮影真っ最中。また新しいプロのスタッフたちと作品作りをしている！　最高のドラマにするために!!

自分なりに、じじぃなりに進んでみることにする。感謝しながら……。

この本を読んでくれた人たち、ファンのみんなにも、

「同じように進んでいこうよ」

と伝えたいけど、なかには、

「進むべき道がわからない」

「自分とは何か？」

「私の役割ってなんだろう？」

なんて悩んでいる人も少なくないだろう。


わからなかったら、好きな人や尊敬する人に聞いてみたらどうだろう。聞く勇気がなかったら、その人のそばにいることから始めてもいいよ。

「そばにいる」「マネをする」「覚える」……。それらを変換して、自分のものにする。すると自分の役割がわかってきて、進むべき道が見えてくると思うんだ。


人間関係が希薄化しているとか、対人関係がうまくいかない世の中だ――なんていう人もいるけど、やっぱり人は人とかかわり合って、みんなで「ＰＥＡＣＥ＆ＬＯＶＥ」を目指したい!!

もちろん、役割も進むべき道も、どんどん変わっていってＯＫ！　その分、どんどんいろんなことを覚えて、世界も広がっていく。

そこでまた迷ってしまったら、自分の「好き」を優先させよう。仕事も遊びも、好きなことなら「苦労」とは感じないはずだから。

それでも、悩んだり、困ったりすることがあったら俺に聞け!!

俺となるさんと、俺の「陣営」で解決してあげましょう。だから、きみの大事な人生を簡単にあきらめたりしないこと。これ、約束だ！

まだまだ書き足りないことがあるような気もするけど、でも、俺なりに伝えたいメッセージは詰め込んだつもり。いやいや、どうだろう、ペラペラ、ガチャガチャ、書きすぎたかな？

でも、そんな思いに最後まで付き合ってくれて、サンキュー。

ホントに、本当にありがとうございました。

37年（ミンナ）、3月9日（サンキュー）生まれ、みなさんのおかげです。

木梨憲武

みなさんのおかげです
木梨憲武自伝

2024年１月31日　初版第１刷発行
２月26日　　　第５刷発行

著　者　木梨憲武

発行者　川島雅史

発行所　株式会社小学館
〒101-8001 東京都千代田区一ツ橋２-３-１
電話　03-3230-5585（編集）
03-5281-3555（販売）

印　刷　TOPPAN株式会社

製　本　株式会社若林製本工場

ISBN 978-4-09-389111-0

日本音楽著作権協会（出）許諾第2309389-301号

協力／キナシコッカ、青山淳一
構成／上村久留美
編集／嶋田久美子、森田祐介
章扉・中面撮影／杉田裕一（P25．P315）、楠聖子（P125．P179）、平野哲郎（P157）
カバー・表紙写真スタイリスト／大久保篤志
カバー・表紙写真ヘアメイク／北一騎
DTP／功野真亜知